Círculo Rojo

# No te mueras sin ser feliz

# No te mueras sin ser feliz

## 10 PREMISAS QUE TE HARÁN PENSAR EN VIVIR COMO SIEMPRE LO HAS DESEADO

ANTONIO BETANZOS

Círculo Rojo
EDITORIAL

Primera edición: Agosto 2020

Depósito legal: xxx

ISBN: 978-84-1363-808-9

Impresión y encuadernación: Editorial Círculo Rojo

© Del texto: Antonio Betanzos
© Maquetación y diseño: Equipo de Editorial Círculo Rojo
© Fotografía de cubierta: Abigail Villavicencio


Editorial Círculo Rojo
www.editorialcirculorojo.com
info@editorialcirculorojo.com

Impreso en España — Printed in Spain

*"Nadie es tan joven que no pueda morir hoy"*

*Francesco Petrarca*

Nuestras almas no están sedientas
De fama, confort, riqueza ni poder.
Estas gratificaciones crean tantos
Problemas como los que resuelven.
Nuestras almas están sedientas de
Sentido.

Harols S. Kushner
*Cuando nada te basta*

# INDICE

# PROLOGO

Mi vida está llena de sucesos inexplicables. ¿Por qué a mí? ¿Por qué de esta forma? ¿Que hice para merecer esto? ¿Por qué me pasan cosas tan extrañas si no soy malo? ¿Quién pudiera responderme? ¿La causa o el efecto? ¿La coincidencia o la casualidad?

Todo lo que pudiera sucedernos sin explicación, ya sea bueno o malo, llega a ti por algún propósito o razón y así aportar una enseñanza a tu camino. En la ley fundamental de causa y efecto, la casualidad es la causa y el efecto la causalidad. A mí en lo personal me gusta llamarlo Diocidencias, si, un plan divino.

En este buen libro, *No te mueras sin ser feliz,* se exponen con mente clara y sencilla, diferentes escenarios donde tú puedes identificarte con alguna situación que seguramente estás viviendo ahora y puedas ayudarte y transformarla para tener una mejor elección de vida. En este libro se nos muestran las diez premisas como guía para vivir como siempre lo hemos deseado.

Antonio, abrió con gran generosidad varios canales de criterios distintos, citando a mentes brillantes como Elisabeth Kubler Ross, conocida como el apóstol de la tanatología moderna, a Víctor Frank, quien salvo a cientos de refugiados en campos de concentración, solo por sembrar en ellos, algún propósito para sobrevivir.

Bienvenido lector, tienes en tus manos un manuscrito lleno de posibilidades, que seguramente cambiaran la perspectiva que tu tenías de la vida y la muerte.

Cuando las tormentas azoten tu vida, da gracias por las enseñanzas y las capacidades dormidas que han despertado dentro de ti para aprender a ser feliz antes de morir.

**Tere Smith**
Tanatóloga y escritora

# Nota del autor

¿Por qué si sabemos que podemos morir en cualquier instante, hacemos poco o nada para disfrutar realmente nuestra única vida?, si, la única, la de este momento, la de este instante presente que es tan volátil, que en un segundo ya es pasado.

La vida corre muy rápido y nuestros sueños muy lentos. Pensamos erróneamente que solo mañana seremos ricos o felices, que mañana llegara el amor, que mañana es un mejor día y que mañana seremos mejores que hoy para empezar a hacer las cosas y que mañana y que mañana. No, no está mal pensar en el futuro siempre y cuando no olvides que tu vida puede acabar hoy, en el siguiente respiro, en el siguiente parpadeo y para nosotros ya no habrá mañana.

No, no está mal hacer planes ni está mal programar nuestro próximo día, no, lo que está mal es terminar nuestra vida sabiendo que realmente no hicimos nada por vivirla como nosotros hubiéramos querido.

Seguramente ni tu ni yo deseamos ser de los que, en su lecho de muerte, se dieron cuenta que la vida era muy corta y no supieron apreciarla. Solo tenemos una oportunidad y puede ser tarde cuando lo comprendamos.

Aprendemos tantas cosas en la vida, pero lo esencial, es posible, que no se nos haya transmitido correctamente. Casi siempre aprendemos más con los golpes de la vida. Corremos de aquí para allá llenos de actividades que a veces ni siquiera escogemos nosotros mismos. Vivimos agobiados por el trabajo, la familia, los pendientes, las cuentas, y así la vida vuela y los días pasan casi sin sentir. Necesitamos detenernos, darle espacio a nuestro ser interior para que se exprese y se quite el polvo que le hemos acumulado encima por años. Pareciera que en el fondo nadie quiere ser un verdadero protagonista, porque serlo requiere valentía, soportar la tristeza, el dolor, las angustias y salir adelante sobrellevando todas las adversidades como lo vemos en las películas. Preferimos ser el personaje secundario, aquel que no debe demostrar nada determinante, que no lucha hasta la muerte por sus ideales, ni se esfuerza tanto; que siempre está ahí cerca, pero que no brilla tanto para no llamar la atención ni ser exigido. La vida del protagonista es intensa, la del personaje secundario es más bien cómoda, por eso elegimos ser lo que la sociedad cree que es mejor para nosotros y no lo que realmente queremos ser. Quizás hemos escuchado y sobrevalorado demasiado nuestro exterior, pero nunca es tarde para escuchar al ser más importante, al protagonista de tu película, al amor de tu vida: a ti mismo.

Nuestra mortalidad nos enfrenta a un panorama al estilo Shakespeare, es decir, al SER o NO SER. Pasar por esta vida siendo lo que esencialmente somos o terminar siendo una copia en lugar de un original. La muerte no nos juzga, solo nos enfrenta a la realidad: todo se acabará pronto, así que toma antes tus mejores decisiones.

Tal vez nunca estaremos preparados para morir tranquilos y sin cargas, aun si dejamos tras de nosotros una vida llena de aventuras cumplidas, amores desbordados, ciclos terminados, relaciones sanadas, errores perdonados o una vida plena. Tal vez no, porque vivir nos gusta a pesar de todo, y quizás nunca estaremos completamente listos para partir. Pero si la muerte es inevitable, ¿por qué no intentar que lo que nos quede de vida sea la mejor cada día? Salgamos a buscar nuestros sueños olvidados, propósitos arrumbados, deseos empolvados y cuando llegue el momento, seguramente nuestra alma se ira más ligera y cargada con menos arrepentimientos.

Quizás este libro no conteste tus preguntas, tal vez te deje más preguntas que respuestas, no lo sé. No sé qué pasara por tu cabeza cuando leas cada capítulo y saques tus propias conclusiones; solo aspiro a que tal vez, alguna premisa detenga tus pasos, tengas la edad que tengas, y te haga cambiar de camino, si descubres que no es el que te conduce a tu propio concepto de éxito a tu propia felicidad, a tu verdadera y autentica vida, antes de morir.

# PREMISA #1

# ESTAMOS VIVOS

"Aún hay esperanza para todo aquel que está entre los vivos, porque
Mejor es perro vivo, que león muerto"

*Eclesiastés 9:4*

"Si todavía respiras, si tu corazón late, es que tu propósito aún no ha terminado"

*Código de Riqueza (Víctor del Rosal)*

Siéntate un momento y sírvete un café o lo que quieras tomar. Quiero presentarme ante ti, solo como un ser humano más que como tú, está vivo. Yo en el momento que escribo y tú cuando leas esto. La vida resuena a nuestro alrededor, aunque leas esto en la silenciosa madrugada de un lugar apacible. La vida es bulliciosa. El silencio total solo existe en el cementerio.

Ahora quiero que respires profundamente y pienses en toda esa gente que hoy, en este momento, lo está haciendo por última vez. ¿Cuándo será tu turno o el mío? No lo sabemos, pero lo que sí sabemos es que aun respiramos y que es una suerte hacerlo mientras tantos otros mueren en este instante. Estar vivo es un privilegio, un enorme privilegio.

Al hablar contigo sobre la vida y la muerte, no pretendo parecer un experto en el tema, ni aparentar saber complicadas fórmulas para conseguir ser feliz, no, tan solo quiero hacerte pensar un poco en la fortuna de vivir. Somos seres privilegiados por el solo hecho de estar vivos. La vida empieza ahí donde estas. Afuera esta nuestro complemento, nuestra segunda vida. Se nos dio este cuerpo para poder disfrutar lo demás y él es nuestro punto de partida, nuestro primer paso.

### Que nacieras fue casi imposible

¿Sabías que las probabilidades de que nacieras tú, tal y como eres, es prácticamente cero? Si, casi ninguna probabilidad de que tú vinieras a este mundo. Que te parece esta cifra: 1 entre 400 trillones.

Un estudio a cargo del Escritor y terapeuta del comportamiento humano **Ali Binazir**, en la universidad de Harvard, ha calculado las condicionantes previas al nacimiento de un ser vivo. Un verdadero milagro. Si tú no crees en los milagros solo vete en el espejo y repite la cantidad anterior:

## Soy 1 entre 400 trillones de probabilidades

Aunque otros factores hacen aún más gigantesca esta cifra, la posibilidad de que tu termines siendo exactamente tú y no otro, es la misma que la de que dos millones de personas se juntasen para jugar cada una con un dado con mil billones de caras y que todos sacasen el mismo número, es decir, casi cero. Todo un milagro.

Contando con que cada 20 años hay una nueva generación y que los primeros humanos aparecieron más o menos 3 millones de años, nos deja con 150 generaciones que tuvieron que pasar el proceso estadísticamente casi imposible para llegar a un nacimiento., lo que equivale a una probabilidad de 1 entre 10 elevado a 45,000. Por último, la posibilidad de que en todas esas 150 generaciones se unieran el ovulo y el espermatozoide que dieron lugar a uno de los ancestros es de 1 entre 10 elevado a 2, 640,000. Si, disculpa esto es muy complejo para nosotros, pero si quieres profundizar y conocer más, solo ve a internet y encontraras más detalles del estudio de Binazir.

La religión budista plantea esto a través de una analogía: "Imagina que hay un salvavidas arrojado en algún lugar en algún océano y hay exactamente una tortuga en todos esos océanos nadando bajo el agua en alguna parte. La probabilidad de que cada uno de nosotros existamos es la misma que la de que esa tortuga salga del agua en medio de ese salvavidas.

Binazir decidió probar si esta analogía budista podía hacerse real o no. Calculo la cantidad que hay en los océanos, en comparación con el tamaño del salvavidas. Y llego a la conclusión de que las posibilidades que una tortuga asomara en medio del salvavidas era de aproximadamente uno en 700 trillones.

En conclusión, según este estudio, la posibilidad de que nuestros padres y todos nuestros antepasados se conocieran en su momento y procrearan, dando lugar en último término a nuestra propia vida, es tan baja que resulta casi increíble que nazcamos.

Esta bendita vida que nos tocó vivir, esta gran oportunidad que tenemos de experimentarla y que al nacer tú, millones de competidores se quedaran atrás de ti en el intento, es lo que nos hace tan especiales. De los 250 millones de espermatozoides que hay en una eyaculación promedio, solo uno, es decir tú, fuiste el afortunado de fecundar el ovulo de tu madre. ¿Cuántos Picassos, cuantos Eisteins, cuantos escritores, ingenieros, arquitectos, pianistas o abogados en potencia llegaron después de ti y nunca verán la luz de la vida? ¿Cuántos genios que tal vez curaran las enfermedades más terribles que nos aquejan actualmente, se quedaron rezagados, porque fuiste tú el primero en llegar?

Si comprendiéramos el complicado proceso que hizo que tú y yo estuviéramos en este maravilloso mundo, apreciaríamos más lo que somos: un ejemplar humano, una persona viva, inteligente y con características únicas e irrepetibles.

Apreciar de dónde vinimos, lo complicado que es ser lo que somos, lo maravilloso que es tener un cuerpo como el que tenemos y vivir los años que podamos vivir, debería ser el más grande motivo de felicidad. Pero desgraciadamente unos años después de nacer empezamos a perder esa admiración por la vida. Para un bebe cada paso es maravilloso, cada logro es una gran emoción, todo es novedoso y espectacular. Después, pasan los años y todo se va convirtiendo en algo común y corriente; vamos perdiendo poco a poco nuestra capacidad de asombro ante la vida.

**Un cuerpo extraordinario**

Nuestro cuerpo es un portentoso milagro también. Somos una combinación de músculos, órganos y huesos perfectamente unidos y programados para que cada uno desarrolle una función determinada. Cada uno de ellos es una excepcional maquina incapaz aun de ser igualada. Y ¿qué decir de nuestro cerebro?, La computadora más maravillosa que ha existido y existirá; su composición es impecable y asombrosamente perfecta. Nuestros cinco sentidos principales, porque ya se habla de otros sentidos más, nos hacen percibir nuestro entorno y captar a través de ellos ese grandioso mundo que nos rodea.

Sí, es un milagro estar vivos, entonces, ¿porque no comportarnos como seres privilegiados? Nos entregaron una estupenda envoltura llamado cuerpo humano, que nos permite funcionar correctamente con nuestro entorno y nuestros semejantes. Estamos aquí para disfrutar el regalo más bello, la vida.

Lo primero que tenemos que aceptar para ser felices, es que somos individuos únicos. Para estar aquí, se movieron fuerzas universales inconcebibles que se combinaron para hacerlo posible. Creer con certeza que somos un milagro, es el primer paso para salir de una vida mediocre. Si eres un adulto o un joven lleno de vigor, ya no hay tiempo que perder, tenemos lo principal, la vida, para lograr lo que queremos y deseamos fervientemente. Puede ser una larga vida o tal vez tan solo unos años, pero lo importante es que la muerte nos sorprenda viviendo intensamente y disfrutando cada momento.

### Una historia sorprendente

Hay una historia ejemplar que siempre tenemos que recordar cuando nos surjan dudas de que lo tenemos todo para ser felices. Es una de las historias más inspiradoras, que revela la más apasionante actitud de supervivencia humana. Esa actitud que se adquiere cuando ya no hay nada que perder; un punto donde morir es más atractivo que vivir, pero donde surgen los grandes motivos que vuelven al hombre superdotado. En resumen, sucede así:

*El 12 de octubre de 1972 parte de Uruguay, un avión con 45 pasajeros que cruzaría la cordillera de los Andes rumbo a chile. La mayoría jóvenes integrantes de un equipo de Rugby y algunos invitados.*

*La ruta era perfecta, y el ambiente en el avión de lo más festivo, hasta que el piloto volando sobre un manto de nubes y una zona de mucha turbulencia, tuvo que descender para ubicar su situación, solo para percatarse que si no se elevaba de nuevo chocaría contra la cordillera. La maniobra fue en vano. El avión cayó al vacío partido en dos, al chocar con la cima de una montaña.*

*De los 45 pasajeros, sobrevivieron 33 en la parte media y frontal del avión, milagrosamente entera. Eran las 3.32 de la tarde, en medio de los Andes, un sitio que por la noche la temperatura desciende a 30 grados bajo cero. Esa primera noche mueren 5 más gravemente heridos. Así pasan largos días con sus terribles noches. Las pocas raciones de alimento se agotaron rápidamente y tras largas discusiones, el décimo día, deciden comerse el primer cuerpo humano para salvar su vida y esperar en mejores condiciones un posible rescate.*

*Aproximadamente al día 18 después de tres días de intensas nevadas, cayo una avalancha sobre el fuselaje matando a 8 y dejando a 19 maltrechos sobrevivientes. Dos meses después del accidente solo quedaban 16. El 12 de diciembre de 1972, dos meses después del accidente, Nando Parrado y dos compañeros voluntarios Roberto canessa y visintin, salen a buscar ayuda o morir en el intento. Tres días después visintin regresa y Nando y Roberto continuaron. Lo único que los impulsaba era que no podían volver atrás. Caminar hasta dejar de respirar, era la consigna. Después de nueve días más durmiendo a la intemperie y caminando paso a paso muy lentamente, lograron superar la nieve y llegar a un rio. Felices por ver agua y hierba, también divisaron a lo lejos una vaca que indicaba que tenía que haber seres humanos cerca. Nando y Roberto a lo largo de 10 días y 10 noches, habían recorrido 64 kms a través de la despiadada cordillera de los andes.*

*Roberto comentaría, que después de llegar a un rio, se sentía como en un hotel de 5 estrellas disfrutando lo poco que tenían: agua y hierbas para comer. "comprendí lo poco que necesitamos para ser felices y como exigimos a la vida mucho más de lo que necesitamos"*

*Nando y Roberto fueron rescatados después de que un cabalgante los observo de lejos y tras enterarse quienes eran, regreso con ayuda que termino felizmente con el retorno de todos los sobrevivientes.*

Esta historia no es ficción y ha sido llevada a la pantalla grande e inspiración de algunos libros. Los sobrevivientes, no sé si todos, aún existen. Podemos encontrar testimoniales del suplicio que les tocó vivir. Son seres humanos que cambiaron involuntariamente su vida en un instante. Varios de ellos se convirtieron en mensajeros de esperanza y aprovechan cada momento para decirle al mundo que nada es peor que estar allá arriba en un lugar inhóspito, frio, solo e inclemente, sin ropa adecuada ni comida, obligándolos el hambre a comer carne humana; que nada debe ser motivo de desesperanza mientras estemos vivos. Como ellos lo experimentaron, si estas vivo, si aún respiras, no dejes de caminar hacia tu objetivo. No debemos perder nunca la esperanza, aunque las condiciones a nuestro alrededor sean difíciles. Tienes todo para ser feliz y disfrutar la vida. Que no sea necesario que lo pierdas para realmente valorarlo. Cuenta tus bendiciones, tienes más, mucho más de lo que necesitas y sobre todo, tienes vida.

Cuando **Ric Elías** viajaba en el avión que cayó al rio Hudson en Nueva York en 2009, aprendió tres cosas, como cuenta en su plática TED que encontraras en YouTube:

**1.- *Todo cambia en un momento*:**
No hay que aplazar nada. Cada minuto puede ser el último.

**2.- *Lamente haber perdido el tiempo en cosas que no importaban, con gente que sí importa*:**

Desperdiciamos mucho tiempo por culpa del ego. Entre tener razón y ser feliz, elige ser feliz.

**3.- *Morir no da miedo, sino una inmensa tristeza porque amas la vida*:**
Como se me concedió el milagro de no morir ese día, tuve la posibilidad de ver el futuro y volver al presente y vivir de otra forma.

Al terminar su plática, Ric nos deja un mensaje final:

*"Todos nosotros volamos en un avión hoy, y no sabemos cuándo caerá. ¿Estas siendo la mejor persona que puedes ser?".*

**EN POCAS PALABRAS:**

Somos un verdadero milagro.

Se necesitaron muchísimas condiciones ideales para que tú estés aquí exactamente cómo eres. Piensa que las probabilidades de que tu nacieras tal y como eres son casi cero. Soy una entre 400 trillones de posibilidades.

Tenemos que apreciar que somos seres únicos e irrepetibles. Lo que somos nadie lo es ni lo será.

De la historia de los sobrevivientes de los Andes se deduce que nuestra vida puede cambiar en un segundo y que la voluntad de vivir aun en las peores condiciones, puede provocar que hagas proezas. Hay un súper héroe dentro de nosotros. No esperes a que la vida te ponga a prueba para reconocerlo. Eres un ser divino.

**Pregúntate:**

¿Acaso en tu vida has pasado por una tragedia tan grande como lo que sucedió en los Andes?

**Un poco de acción:**

1.- Por las mañanas al despertar da gracias a Dios o al universo por un día más.

2.- Mírate en el espejo y repite: Dios o una inteligencia infinita me hizo exactamente así y soy perfecto. Para que yo naciera se tuvieron que dar circunstancias inimaginables. Soy muy afortunado.

3.- Saldré a recibir el milagro de la naturaleza, como el sol, el aire, los árboles, las montañas, los animales, la gente y todo lo que me rodea. Todo es gratis. No esperes perderlo para apreciar lo que tienes.

4.- Haz una lista de todo lo que tienes, no lo que no tienes y ante todo, grita a los 4 vientos que estas vivo. Hoy miles de personas no despertaron.

# PREMISA # 2

# ESTAMOS MURIENDO

"Alguien debería decirnos, justo en el inicio de nuestra vida, que nos estamos muriendo, Entonces podríamos vivir la vida al límite, cada minuto de cada día"

*Michael London*

La vida corre inevitablemente de principio a fin. Esto no es nada nuevo para nadie, todos nacimos y moriremos. Somos finitos y muy vulnerables a morir de mil formas. Aunque nuestro cuerpo es maravilloso, es sumamente frágil, delicado y con un número de años limitado; solo puede rebasar los cien en contadas ocasiones actualmente. Nacemos solo para morir después. Eso es lo más seguro que hay. Tenemos un principio y un fin, pero al parecer vivimos como si nunca nos fuera a pasar nada, incluso como si fuéramos eternos. Lo más sensato es reconocer nuestra propia debilidad física para vivir con pasión. Si no estamos conscientes de nuestra muerte tampoco estaremos conscientes de que nuestra vida es limitada.

Despertamos creyendo que será igual mañana y pasado mañana y el mes que entra. Tenemos la falsa seguridad de que nuestra existencia se prolongara indefinidamente, para no preocuparnos u ocuparnos de nuestro presente y seguir viviendo en el espejismo del futuro. Hacemos planes para nuestras vacaciones de verano, pero no sabemos cómo lograr ser más felices hoy.

Nuestro cuerpo es un héroe que sobrevive a las enfermedades más terribles y a los accidentes más atroces. Estamos diseñados para sobrevivir en un ambiente tan adverso y cruel como lo es nuestro mundo. Pero, aun así, nuestro cuerpo no está blindado; somos carne y huesos que se dañan y se enferman, aun en las mejores condiciones. Diariamente nos enteramos de gente brillante, noble e importante que fallece inesperadamente por diferentes motivos. La gente buena y no tan buena muere por igual. Gente muy valiosa y gente sin oficio ni beneficio se va diariamente y así nos llegara el día en que también nosotros corramos con la misma suerte. Definitivamente el camino terminara pronto o más tarde.

Entonces ¿para qué esperar nuestra partida sin hacer algo que valga la pena, sin divertirnos, sin hacer lo que nos gusta, sin amar intensamente, sin realizar nuestros anhelos, sin ser útiles?

## Todo cambia

Estamos muriendo y cada día que pasa es irrecuperable. Entonces, debemos estar muy atentos a la vida que nos rodea; atesorar cada instante y disfrutarlo al máximo para no arrepentirnos después. Lo que tenemos hoy tal vez no lo tengamos un segundo después. Nuestra salud puede desmejorarse, nuestra economía puede derrumbarse, nuestra alegría puede desaparecer, nuestros seres queridos pueden irse, incluso sin despedirnos, y un largo etc. Como dice la canción de Mercedes Sosa *–Todo cambia-*

**Cambia lo superficial**
**Cambia también lo profundo**
**Cambia el modo de pensar**
**Cambia todo en este mundo**
*

**Cambia el clima con los años**
**Cambia el pastor su rebaño**
**Y así como todo cambia**
**Que yo cambie no es extraño…**

Sí, todo cambia y que en nuestra vida todo cambie, tampoco es extraño. Somos unos un día y seremos otros al siguiente. El gran error que cometemos es creer que nada cambiara. Que gran autoengaño. Decía Heráclito: *"Nadie se baña dos veces en el mismo rio"* y es muy sencillo, porque ni el rio ni yo seremos los mismos la próxima vez.

Somos nosotros los que provocamos nuestra burbuja mental, que nos impide disfrutar el presente creyendo que será igual que siempre. Si nos concentráramos en vivir el hoy con tanta seguridad como esperamos el mañana, nuestro día a día seria intenso, memorable, inolvidable.

Estamos muriendo y si no nos damos cuenta que las horas y los días ya gastados son irrecuperables, seguiremos con la rutina aburrida e insulsa del día anterior. Debemos despertar y dar gracias primeramente por la gloriosa dicha de mantenernos entre los vivos un día más. Después, regalarnos el mejor de los días, porque no sabemos si habrá otro.

### Disfrutar las cosas hoy

No es un secreto que solemos posponer muchas cosas importantes para después. Dejamos el vino riquísimo y caro para una ocasión especial, aunque esta nunca llegue. Dejamos esa camisa, ese saco, ese sombrero para el próximo gran evento. Dejamos de decir "te quiero" porque suponemos que ya lo saben y lo volveremos a decir cuando sea verdaderamente necesario. Dejamos de visitar a aquel pariente enfermo, aquel anciano solitario para la siguiente semana. Dejamos para después el jugar con nuestros hijos y de repente ya son adultos. Dejamos de frecuentar a nuestros amigos y nos quejamos de que nos estamos quedando solos y sin visitas gratas. Dejamos de vivir hoy pues creemos que mañana veremos salir el sol nuevamente y nos llenaremos de la misma rutina de siempre, es decir, a veces ni siquiera pensamos que al otro día nos espera una mejor vida. Y de repente, la vida se acaba, antes o después de seguir postergando nuestro disfrute presente.

Cada día que pasa es como una vida entera. Despiertas, vives y duermes. Es decir, en un día nacemos, vivimos y morimos. Seria excepcional recordar esto al despertar e hincados dar gracias a Dios por esta oportunidad de vivir un día más como una vida entera. Cuando despertamos, sabemos que la noche llegara y dormiremos, entonces, debemos aprovechar nuestras horas lo mejor posible y tras vivir conscientes de que la tarde y luego la noche llegara, disfrutar al máximo cada segundo y al llegar la hora de dormir, levantar nuevamente los brazos para dar gracias y pedirle a Dios una nueva vida mañana. Eso es vivir un día a la vez. Una vida a la vez. Hasta morir.

Cuentan que la experta y afamada modista y bloguera de origen dominicano **Kyrzayda Rodríguez,** antes de morir víctima de cáncer de estómago a sus 40 años y en el esplendor de su carrera, dijo en sus últimos días:

*"Tengo un coche de lujo nuevo que está estacionado afuera de mi mansión, que no puede hacer nada por mí. Tengo a mi disposición todo tipo de diseñadores de ropas, de zapatos y bolsas que no pueden hacer nada por mí. Tengo una casa amueblada con muebles de caoba, mármol de los mejores que no pueden hacer nada por mí. Tengo bastante dinero en el banco para pagar os mejores doctores del mundo, que tampoco pueden hacer ya nada por mí".*

*"Mira donde estoy, aquí tirada en una cama del mejor hospital y de doble tamaño. Puedo tomar un avión a la hora que lo decida e ir a cualquier parte de la tierra el día de la semana que yo quiera. Pero un viaje a determinado lugar tampoco puede hacer nada por mi"*

*"Así que no dejes que nadie te haga sentir mal por las pocas o muchas cosas materiales que puedas o no tener. Si solo tienes un techo cobre tu cabeza, sustento y a Dios en tu vida y la de tu familia, eso sí que es lo más importante."*

Esto me recuerda aquella historia bíblica de un próspero agricultor que después de tener una cosecha muy abundante solo pensaba en como la iba disfrutar. No había ningún motivo para no ser feliz. Su futuro estaba asegurado por años o generaciones tal vez, como muchísimos ricos poderosos de la actualidad. Solo quería gozar del resultado de su esfuerzo y trabajo y se dijo así mismo:

"Hoy comeré, beberé y me regocijare de todo lo que tengo. Mis bodegas están llenas y tendré que hacerlas más grandes, tengo una vida de abundancia asegurada." Pero ese mismo día el creador le dijo: "Necio, esta noche vendrán a pedir tu alma y lo que has provisto ¿de quién será? *(Lucas 12:13-21).*

Quien nos asegura que cuando estemos gozando de la plenitud de nuestra vida, tal vez con una economía boyante, una posición afortunada, un próspero futuro, no se nos pida la vida en el preciso instante de sentirnos más felices. La fortuna y la prosperidad se hacen minúsculas ante el poder de la muerte.

**EN POCAS PALABRAS:**

Cada día es una vida entera. Disfrútalo como el último. Algún día lo será.

Al menos debemos intentar no dejar nada para mañana. Todo cambia en un instante.

Kyrzayda Rodríguez, con tanto éxito, sentía que tenía todo en la vida, excepto buena salud

Tanto al despertar como antes de dormir debemos dar gracias. Rico o pobre, morirás igual.

**Pregúntate:**

Si comparas tus problemas con los de Kyrzayda Rodríguez, o tantos que sufren enfermedades terminales ¿se verían aun tan graves?

**Pon un poco de acción:**

1.- Fíjate como cada día es nacer y morir. Dice un refrán: "como es tu día es tu vida". Observa atento el placer de un día entero, disfruta la mañana, el medio día, y la noche de tu vida también.

2.- Para no dejar cosas primordiales para mañana, intenta siempre hacer las cosas más importantes primero y si quedan algunas, ya hiciste lo mejor.

3.- Ten un ritual de oración o agradecimiento diario al despertar. Da gracias por todo, lo bueno y lo malo, todo nos hace crecer.

4.- Recuerda que prácticamente como es tu día, es tu vida. Analiza si estás viviendo una acumulación de días felices, satisfactorios o simplemente aburridos o intrascendentes.

# PREMISA # 3

# SEGURO MORIREMOS

"La muerte esta tan segura de su victoria, que te da toda una vida de ventaja"

*Anónimo*


"No malgastes ningún minuto de tu vida piensa que algún día vamos a morir y cualquier día puede ser el último "

*Robin Sharma*

Hagamos un ejercicio. Vamos a elegir los 75 años como un promedio de vida para el hombre actual, que puede ser mucho más o mucho menos, es solo para ejemplificar. Lo multiplicamos por 365 días del año, nos da una cifra de 27,375 días totales de vida probables:

## Días de vida probables: 27,375

Voy a ponerme de ejemplo para hacer un cálculo rápido. Al momento de hacer este cálculo tengo meses más meses menos 60 años. Por lo tanto, convertidos en días: 60 por 365 del año, nos dan 21,900 días transcurridos.

## Días vividos 21,900

Si bien me va, la diferencia entre los días por vivir menos los días vividos, seria de:

## Días posibles por vivir 5,475

Viéndolo comparativamente, son muy pocos días los que me quedan de vida y lo peor es que ni siquiera están esos pocos garantizados. Recordemos que podemos morir mañana. Pero si esos fueran nuestros días por vivir, necesitamos quitar todavía las horas sobre las que tenemos poco o nada de control pero que son necesarias e inevitables: las horas de sueño y las horas de trabajo.

Las horas de sueño son reparadoras y muy necesarias para vivir bien pero no tenemos mucho control sobre ellas. El cuerpo las necesita y las exige y ellas nos darán calidad de vida, aunque dormidos estemos en un estado casi vegetativo.

Lo que si podemos rescatar son nuestras horas de trabajo, haciéndolas lo más placenteras y significativas posibles. Para lograr esto debemos trabajar en lo que nos gusta, en lo que nos hace más felices, para poder considerar esas horas como horas significativas y por lo tanto horas de buena vida. Si nuestro trabajo no tiene ningún grado de felicidad, tenemos que considerarlas entonces como horas muertas y tenemos que restarlas de nuestras horas y días por vivir. Es decir, restarle aproximadamente 8 horas diarias de vida.

5,475 días por vivir menos las horas de sueño y las horas de trabajo, quedaría a grandes rasgos así:

Vamos a ser exagerados y dividir el día de esta manera:

De las 24 horas que tiene el día 8 las pasamos dormidos, 8 trabajando y 8 restantes para hacer lo que deseemos. O sea que dos tercios de nuestros días por vivir están apartados para el sueño y el trabajo y nos quedan 8 horas libres.

**1,825** días para trabajar, sin quitar vacaciones.

**1,825**días para dormir

Y **1,825** días libres para disfrutar (incluyendo, horas de comida, aseo personal, vestirnos, transportarnos etc.)

## **1,825** entre 365 igual a 5 años

O sea, días más días menos, 5 años libres, 5 años trabajando y 5 años durmiendo. Ese es mi panorama. Puedes calcular de la misma forma el tuyo.

Entonces, después de este rápido análisis, ¿seguirás pensando en que te falta mucho para morir? Y si no estás convencido piensa en que hacías hace 10 años y te darás cuenta que parece que fue ayer. Empieza el año en enero y en un suspiro ya estamos en octubre y ya prácticamente fin de año. Nuestros hijos hace solo unos años eran unos niños o bebes, de repente observas que se te hicieron mayores. Recuerda que la vida va muy rápido y nuestros sueños muy lentos.

La próxima vez que te sorprendas postergando asuntos, gustos o actividades, piensa en que algún día te puedes arrepentir de no haber actuado inmediatamente. Te dejo este escrito que tengo siempre a la mano y me recuerda que pendientes estoy dejando en manos del "después".

*Robin Sharma* en su libro **"El líder sin cargo"** Cuenta que parte de la capacitación inicial de un maestro a su pupilo, era presentarlo ante dos tumbas abiertas y hacerlo bajar a cada una de ellas y buscar una placa con un texto que debía leer en voz alta. La primera placa leída por el alumno desde el fondo de la tumba fue la siguiente:

---

## Los 10 arrepentimientos humanos

**PRIMERO**.- llegar a tu último día cuando la magnífica canción que tu vida tenía que cantar sigue en silencio en tu interior.

**SEGUNDO**.-Llegar al último día sin poder experimentar el poder natural que posees para crear una gran obra y alcanzar grandes logros.

**TERCERO**.- llegar a tu último día y darte cuenta de que jamás has inspirado a nadie con tu ejemplo.

**CUARTO**.- Llegar al último día lleno de dolor al darte cuenta de que jamás asumiste grandes riesgos y por tanto jamás obtuviste grandes recompensas.

**QUINTO**.- Llegar a tu último día sabiendo que perdiste la oportunidad de ver ni de lejos lo que es la excelencia, porque te creíste la mentira de que debías resignarte a la mediocridad.

---

> **SEXTO**.- Llegar a tu último día lamentando no haber aprendido nunca a transformar la adversidad en victoria y el plomo en oro.
>
> **SEPTIMO**.- Llegar a tu ultimo día lamentando haber olvidado que el trabajo consiste en ayudar a los demás, no en ayudarte solo a ti mismo.
>
> **OCTAVO**.- Llegar a tu ultimo día sabiendo que has vivido la vida que la sociedad te enseño a desear y no la vida que verdaderamente querías.
>
> **NOVENO**.- Llegar a tu último día y averiguar que jamás realizaste todo tu potencial ni te acercaste al genio en el que tenías que haberte convertido.
>
> **DECIMO**.- Llegar a tu último día y descubrir que podías haber sido un líder y transformar el mundo en un lugar mejor. Pero te negaste a aceptar esa misión porque te dio miedo. Así que fracasaste y desperdiciaste tu vida.

En síntesis, la tablilla nos recuerda lo duro que sería reconocer en nuestros últimos momentos, que nunca fuimos capaces de expresar al mundo nuestro verdadero potencial. Una vez de haber hecho algunas reflexiones acerca de la lectura anterior, el maestro le pide a su alumno introducirse a la segunda tumba, donde encontró una segunda tablilla con el siguiente título en letras mayúsculas:

> ## Las 10 victorias humanas
>
> **PRIMERA**.- Llegas al final de tu vida sintiéndote feliz y realizado porque lo has aprovechado todo al máximo; has gastado todos tus talentos, tus mayores recursos y lo mejor de tu potencial desempeñando un gran trabajo y llevando una vida poco común.

**SEGUNDA.-** Llegas al final sabiendo que has vivido una vida excelente y que has mantenido el listón lo más alto posible en todo lo que has hecho.

**TERCERA.-** Llegas al final celebrando con todo tu corazón haber tenido la valentía de enfrentarte siempre a tus mayores miedos y hacer realidad tus ambiciones más elevadas.

**CUARTA.-** Llegas al final sabiendo que has sido una persona que ha inspirado y motivado a otros, en lugar de desanimarlos.

**QUINTA.-** Llegas al final sabiendo que aunque tu viaje no siempre haya sido fácil, cada vez que caíste te levantaste de inmediato y tu optimismo no decayó en ningún momento.

**SEXTA.-** Llegas al final disfrutando de la asombrosa gloria de tus fenomenales logros y del valor de haber colaborado con las vidas de las personas a las que tuviste la suerte de servir.

**SEPTIMA.-** Llegas al final encantado con la persona fuerte, ética, empática e inspiradora que llegaste a ser.

**OCTAVA.-** Llegas al final y te das cuenta de que has sido un auténtico innovador que abrió nuevos caminos  en lugar de seguir las viejas rutas.

**NOVENA.-** Llegas al final rodeado de compañeros que te consideran una estrella, de clientes que te consideran un héroe y de seres queridos que te consideran una leyenda.

**DECIMA.-** Llegas al final como un verdadero líder sin cargo, sabiendo que tus grandes logros perduraran mucho más allá de tu muerte, y que tu vida será un modelo a seguir.

¿Cuál de las dos tumbas eliges? ¿Qué final te gustaría tener? Creo que coincidimos en que la segunda tumba seria la ideal ¿verdad? No quisiéramos terminar frustrados sabiendo que por miedo a creer que no podremos, que no somos lo suficientemente buenos, que no merecemos la gloria, que el esfuerzo es inútil y tantas otras excusas, la vida destinada solo a nosotros no la lograremos obtener si pensamos así.

Lo queramos o no, una de esas dos tumbas será nuestro destino. Tal vez no tan rigurosamente iguales, pero si con mayor o menor número de arrepentimientos. Debemos intentar día a día llenar nuestra vida de pequeños éxitos personales que nos alejen de una vida insulsa y mediocre. No son los grandes esfuerzos y los grandes logros los que nos harán más felices, sino los pequeños y conscientes triunfos acumulados diariamente, mes con mes, año con año, los que nos darán la satisfacción de vivir una vida más plena para nosotros. Es ese caminar a nuestro estilo, a nuestro paso, en nuestra ruta y hacia nuestro destino, es lo que importa.

Una enfermera australiana llamada **Bronnie Ware,** dedicada a cuidar enfermos terminales, reunió en su libro ***Confesiones honestas y francas de personas en sus lechos de muerte,*** la lista de los cinco principales arrepentimientos que tiene la gente antes de morir.

Te los enlisto sin mayor explicación para que saques tus propias conclusiones y observes si alguno por ahí anda entre tus pendientes y tomes alguna decisión antes de que sea tarde.

1.- Ojalá hubiera tenido el coraje de hacer lo realmente quería hacer y no lo que otras personas esperaban que hiciera.
2.- Ojalá no hubiera trabajado tanto.
3.- Hubiera deseado tener el coraje para poder expresar más sentimientos.
4.- Me hubiera gustado haber tenido más contacto con mis viejos amigos.
5.- Hubiera deseado ser más feliz

La enfermera Ware explica que al parecer la gente en su lecho de muerte no se arrepiente tanto de lo que sí hizo, sino que es más común arrepentirse en esos momentos, de lo que no hicimos.

"Mi principal mensaje, dice Bronnie, es que todos vamos a morir y que, si en este momento nos arrepentimos de algo, tratemos de solucionarlo ahora"

## Pensar en la muerte nos ayuda

Mucha gente no quiere pensar en la muerte, quieren pensar que nunca morirán o que algún día lograra hacer lo que realmente quieren antes de morir. Pensando en esto y buscando en internet testimonios reales de estos casos, abro un Blog bastante interesante de **Amparo Millán**, un coaching personal, en un artículo titulado *¿sabías que pensar en la muerte es positivo?* Y en el cual expone los beneficios de tener en cuenta nuestra mortalidad.

"la muerte es la única realidad incuestionable que existe en el mundo… -comenta Amparo- ¿qué sociedad evita mirar, hablar y reflexionar sobre el tema más importante de la vida de sus miembros?… Porque tener presente de vez en cuando que voy a morir, que esto se acaba, no solo no me viene mal, sino que me produce una tremenda pasión por la vida, me impulsa a conseguir lo que deseo a pesar de los miedos… la única cosa importante desde que nos levantamos por la mañana es hacer que cada día cuente de veras… cuando recordamos asiduamente que nuestros días están contados, no nos queda más remedio que vivir paladeando y disfrutando el presente."

"Una escena que me parece representa de forma brutal los cambios que pueden sucederle a una persona al enfrentarse a su propia muerte–continua- es esta de la película < **el club de la lucha o el club de la pelea** > (protagonizada por Edward Norton y Brad Pitt). En esta escena, el protagonista (Tyler) pone una pistola en la cabeza del empleado de una estación de servicio y le dice que va a matarlo, pero antes le pregunta por su gran sueño. Este le contesta que era ser veterinario, aunque dejo los estudios porque era muy difícil. En ese momento Tyler le dice: ¿prefieres eso o morir detrás de la gasolinera?"

"El joven por supuesto dice que no quiere morir – Comenta Amparo-. Cuando cree que va a ser disparado, Tyler baja la pistola y de forma agresiva amenaza a este joven y le dice que o deja su trabajo, se pone a estudiar y persigue su sueño o en caso contrario lo matara. Esas son las dos opciones. La frase mítica de la película es, después de que Tyler roba la cartera del joven, la siguiente: < Te controlare, ahora sé dónde vives. Si en seis semanas no estas estudiando para ser veterinario…morirás>.

Que gran verdad se muestra en esta película comentada por Amparo Millán. Parece que necesitamos una tragedia o estar a punto de morir, para pensar en las cosas verdaderamente importantes y proponernos hacerlas pase lo que pase.

Ahora entiendo lo que quería decir **Tony Robbins** en su frase "cuando la gente está entre morir o conseguir el éxito, consigue el éxito"

**EN POCAS PALABRAS:**

Saca cuentas y calcula que realmente solo una tercera parte de nuestra vida adulta la podemos controlar si nuestro trabajo no lo disfrutamos. Que nada te impida hacer tuyo ese tiempo.

No postergues gustos, actividades o situaciones que tengan importancia para ti. Siempre habrá la manera de darnos tiempo para todo. Así como organizas tu trabajo, organiza también tu tiempo libre y tus pasiones.

Proponte lograr más victoria y menos arrepentimientos humanos. Tenemos el poder de elegir y muy poco tiempo para muy poco tiempo para disfrutarlo.

No necesitamos que nos amenacen de muerte para lograr las cosas. Hagamos posible eso que tanto soñamos.

**Pregúntate:**

¿Necesitamos que nos apunten con una pistola para realizar ese sueño que, por supuesto no es fácil de conseguir, pero al solo tener dos opciones la morir o lograrlo, lo conseguiríamos?

**Un poco de acción:**

1.- Si estas en un trabajo que no disfrutas y el cual no puedes dejar porque es tu único ingreso, no importa. Lo que sí importa es que en tu tiempo libre hagas algo para solucionar esta situación. Puedes tener otro trabajo extra que te guste mucho, aunque ganes poco; puedes hacer algún negocito por internet, puedes comentárselo a tus amigos y buscar opciones con ellos; puedes intentar hacer otras muchas cosas que te causen placer y puedas tener ganancias. No te paralices, muévete.

2.- No olvides apartar tiempo para divertirte con la familia y amigos. La vida no es solo trabajo.

3.- Visualiza como quieres que sea tu vida de hoy en adelante y proponte no llevarte muchos arrepentimientos al final de tu vida.

# PREMISA # 4

# HAY VIDA ANTES DE LA MUERTE

"La pregunta real no es si la vida existe antes de la muerte. La pregunta real es si estas vivo antes de la muerte"

*Osho*


"Tenemos dos vidas, la segunda comienza, cuando nos damos cuenta que solo tenemos una"

*Confucio*

Jack Nicholson y Morgan Freeman protagonizaron una película titulada **"Antes de partir"** donde recrean a dos personajes con un estilo de vida completamente diferentes: Edward Cole y Carter Chambers respectivamente. Su amistad inicia en un hospital. Edward, divorciado 4 veces, materialista, frio y ateo, es un empresario adinerado con exceso de trabajo. Y Carter, un mecánico sencillo, espiritual, educado y amante de la familia. Ambos son diagnosticados con una enfermedad terminal y se hacen amigos una vez conocido el problema y su corta vida futura.

Carter y Edward planean iniciar un viaje con una lista de cosas que hubieran deseado realizar pero que los vaivenes de la vida no les permitió hacer, y así, deciden disfrutar intensamente hasta el último aliento. Esta lista incluye entre otras cosas tirarse en paracaídas, viajar a Egipto, besar a la mujer más bella del mundo y una serie de deseos impostergables. La película transcurre emocionante y divertida con el natural choque de personalidad, cultura y formación de los protagonistas en los momentos más álgidos, pero también el encanto de disfrutar juntos esos placeres que en otras circunstancias tal vez nunca se hubieran podido realizar.

Como en esta película, la muerte anunciada nos invade de una premura por vivir al máximo y hacer aquello que está pendiente y que realmente es importante. Sucede lo contrario cuando no sabemos cuan cerca está el fin de nuestro camino. Nuestros sueños pueden permanecer en estado vegetativo, postergados para ese momento "ideal" en el que las circunstancias nos den permiso para hacerlos realidad. Entonces nos convertimos en los soñadores del mañana, del después y del futuro próximo que tal vez nunca llegue.

Cuando Edward y Carter decidieron vivir intensamente, tal vez ya era tarde, pero harían lo posible por cumplir con sus sueños más anhelados. Había que priorizar y dejar lo menos importante para para después, si había tiempo. La vida o lo que les quedaba de vida, los estaba esperando para mostrarse tal y como es realmente: simple y sencilla, sin interpretación personal, real y hermosa y lista para disfrutarse como una exquisita novia que espera con ansias a su futuro esposo. La vida se nos entrega cada día y a veces ni la apreciamos porque nuestra mente anda llena de problemas y pendientes. El aire fresco que pega en nuestras mejillas, el calor del sol, la luna llena, la bóveda celeste llena de estrellas, el inmenso mar o el simple arrollo de agua fría. Todo está ahí, cerca de nosotros y con tanta frecuencia no lo notamos. La vida siempre nos esperara hasta el último momento para disfrutarla y luego cerrar los ojos llenos de ella y morir en paz cuando nos diga adiós.

### Tenemos una lista esperando

Hazte esta pregunta: si fueras a morir hoy, ¿qué lista de cosas dejarías inconclusa? ¿Qué será de tus sueños, esos que por la razón que sea, nunca has perseguido? Nunca escribiste aquel libro, nunca recorriste aquel hermoso camino, nunca subiste aquella escarpada montaña, nunca visitaste aquel lugar que te gustaba, nunca restableciste aquella relación rota y así una lista de "nuncas" que se quedaron esperando tu decisión. La buena noticia es que mientras estemos vivos tenemos la esperanza de agarrar lápiz y papel y recordar aquello que tanto deseábamos hacer y nunca hicimos y que tal vez no sean viajes espectaculares ni esfuerzos sobrehumanos los que nos esperen, pero si una gran lista de pequeños y grandes sueños, que nos devolverán la pasión por vivir, al menos lo que nos quede de vida.

### Un poema a la vida

Me gusta cantar y trato de interpretar canciones con buenas letras. Un día decidí hacer algo nuevo. Me aprendí **"En Paz"** uno de los poemas más conocidos de *Amado Nervo*. Nunca he sido buen declamador, pero actualmente disfruto mucho compartiéndolo. Te recomiendo querido lector, aprendértelo de memoria y recitarlo ante amigos y familia cuanta oportunidad tengas. Eso hará pensar a los demás y a ti, te recordará que día a día tenemos que agradecer la gracia divina de vivir.

*Muy cerca de mi ocaso, yo te bendigo, vida,*
*Porque nunca me diste ni esperanza fallida,*
*Ni trabajos injustos, ni pena inmerecida;*

*Porque veo al final de mi rudo camino*
*Que yo fui el arquitecto de mi propio destino;*

*Que, si extraje las mieles o hieles de las cosas,*
*Fue porque en ellas puse hiel o mieles sabrosas:*
*Cuando plante rosales, coseche siempre rosas.*

*…Cierto, a mis lozanías va a seguir el invierno.*
*¡Más tu no me prometiste que mayo fuese eterno!*

*Halle sin duda largas las noches de mis penas;*
*Mas no me prometiste tan solo noches buenas;*
*Y en cambio tuve algunas santamente serenas…*

*Amé, fui amado, el sol acaricio mi faz.*
*¡Vida, nada me debes! ¡Vida, estamos en paz!*

Amado Nervo

## La vida pasa muy rápido

No es fácil sacarle provecho a la vida cuando corremos de arriba abajo por la oportunidad de ganar más dinero, más fama, más prestigio, más amor, más de todo. Nuestro insaciable modo de vivir, nos engaña haciéndonos partícipes de una carrera sin fin. La búsqueda de la felicidad no es precisamente una carrera, es más parecida a una caminata que te permite apreciar el mundo que te rodea, la belleza de tu entorno y el placer de avanzar, paso a paso hacia dónde quieres llegar.

Cuando leí como Thomas Derale, Un alto ejecutivo desahuciado y protagonista de la obra de **John P. Strelecky**, ***"5 grandes metas que guiaran tu vida"***, hablaba de su experiencia cercana a la muerte en una entrevista de televisión, entendí mejor lo que debía ser morir feliz:

"– Mark, como sabes…y como sabe la gente cercana a mi…me estoy muriendo –Thomas hizo una pausa- Aunque en realidad todos estamos muriendo, pero yo estoy en este momento en la singular posición de saber cuánto tiempo me queda…y es muy poco.

–Mark, hace más de 20 años mi esposa y yo tomamos casi un año completo para viajar por el mundo como mochileros…después de siete meses de viajes llegamos a África, pues yo había soñado con ver animales africanos desde niño (…) para mí era la cumbre de las experiencias que tuvimos durante esos meses de viaje. Durante siete días seguidos acampamos en medio de ellos. Vimos miles de elefantes, jirafas, cebras, leones. Y la idea que se me vino a la mente la mañana en la que partíamos, fue que no me importaba morir ahí mismo. No quería morir, pero había visto tanto de lo que había soñado, que, si mi vida estuviera a punto de terminar, sentiría que había vivido la vida para la que nací.

–Mark, la vida pasa muy rápido. No creo que haya vivido 55 años. En cierta forma parece que acabo de llegar, pero la verdad es…que mi viaje está a punto de llegar a su fin. O decidimos escribir el final que queremos y creamos una vida que nos lleve áhí, o terminaremos viviendo la vida de alguien más (…) debemos crear una existencia en la que un día te despiertes y honestamente sientas que, si murieras ese día, no te importaría. No es que quieras morir, pero si sucediera, habrías llegado a un punto en el que morirías sin remordimientos".

No es fácil hablar de la muerte. Es un tema que evitamos lo más posible, pero es lo más real y seguro. ¿Cuándo? Solo los desahuciados como Thomas lo saben, o al menos saben que les queda poco camino que recorrer. Sin embargo, todos estamos desahuciados. Todos moriremos, así que, si queremos una vida plena el tiempo que dure, debemos proponernos hacerla significativa, valiosa y totalmente a nuestro gusto y estilo, si no, como dijo también Thomas, terminaremos viviendo la vida de alguien más.

Una noche desperté a las 3 de la mañana y después de intentar dormirme varias veces, decidí levantarme de la cama, aburrido de dar vueltas y vueltas y decidí leer un poco para conciliar el sueño. A un lado de mi cama, acostumbro siempre tener un libro de cabecera. Puede ser un libro nuevo o uno que leí anteriormente. Hay libros que al releerlos parece que lo haces por primera vez. Acostumbro subrayar y anotar tanto en mis lecturas favoritas, que los convierto casi en un libro de apuntes. Este que tenía a mi lado, no era la excepción: ***El líder sin cargo*** de *Robin Sharma*. Me puse los lentes y abrí donde lo había cerrado la última vez: Página 219, y empecé a leer:

"(…) La vida es un parpadeo. Piensa en ello y comprenderás que no es más que un fugaz destello. El momento de pensar en tu legado, en cómo quieres que te recuerden, no es en tu ultimo día, sino ahora. (…) La mayoría de la gente no descubre cómo hay que vivir, hasta que llega el momento de su muerte. Mucha gente vive los mejores años de su vida como en coma. No es realmente consciente de lo que en verdad importa en la vida (…). Y entonces, frente a la muerte inminente, estos sonámbulos se ponen por fin a excavar, apartan lo superficial y se dan cuenta de que al nacer recibieron magníficos dones, preciosos talentos y la responsabilidad de pulir su genio (…) y en el proceso elevar la vida de todos los que los rodeaban. Pero cuando averiguan todo esto es demasiado tarde para hacer nada. De manera que mueren sin haberse realizado".

Asombrado por lo que leía, decidí salir de la cama y terminar al menos ese capítulo entero que me quitaba más el sueño. Me serví una taza de café y seguí leyendo un rato más:

"(…) En este mundo materialista perseguimos títulos, coches caros y abultadas cuentas bancarias (…) la carrera, el prestigio y los títulos universitarios no importan nada al final. Lo único que cuenta es haber llegado a ser todo lo que podías ser y contribuir positivamente en la vida de otros seres humanos (…) en nuestro mundo definimos el éxito por las cosas que tenemos, y no por nuestra valía personal".

Cuando cerré el libro, me di cuenta que había pasado una hora como un minuto. La vida es así de misteriosa, se alarga o se acorta según sea nuestra experiencia en turno. El tiempo es tan flexible y misterioso como nuestra mente. Me quede pensando un poco en lo que acababa de leer y lo importante de dejar un legado que impacte positivamente nuestro entorno, algo que haga que el mundo esté mejor que cuando tú llegaste a él. Imagínate si todos dejáramos algo importante a nuestras futuras generaciones. Un libro, una canción, un método valioso, una medicina, un sistema nuevo, una aportación por pequeña que esta fuere. Nuestra existencia no sería en vano y cada vida nueva sería una esperanza y cada muerte una gran historia.

**EN POCAS PALABRAS:**

No es necesario que te estés muriendo para empezar a hacer una lista de tus sueños más importantes y anhelados. Ponlos en orden de importancia y empieza a dar pasos pequeños pero seguros para cumplirlos.

Si fueras a morir hoy, ¿qué pendientes por hacer dejarías inconclusos? Es decir, eso que deberías haber hecho y aun ni lo empiezas a hacer. Piensa en todo eso que has dejado para mañana y así pasa el tiempo y no cumples. Te queda un día y no habrá mañana.

Aprende un poema completo y declámalo ante tus amigos o familiares. De preferencia un poema de amor a la vida, hay tantos y tan hermosos. Prueba con el que aprendí yo de amado Nervo o con la canción de Violeta Parra "Gracias a la vida" o con "qué suerte he tenido de nacer" de Alberto Cortez. Si no puedes o no quieres aprendértelo de memoria, léelo al menos y veras la reacción de la gente. Es contagioso.

Como dice Thomas, en el libro de Strelecky, "debemos crear una existencia en la que un día te despiertes y honestamente sientas que si murieras ese día no te importaría"

**Pregúntate:**

¿Estás viviendo tan intensamente que, si te dicen que pronto morirás, no tendrás muchos pendientes, ni largas listas por hacer y dirás *"vida, nada me debes, vida, estamos en paz"*?

**Un poco de acción:**

1.- En el libro *5 grandes metas que guiaran tu vida*, mencionado anteriormente, te piden que escribas 5 cosas que quieras hacer, ver, experimentar o tener antes de morir. Esto te sirve de guía para que al menos tengas 5 cosas porque luchar y vivir con renovadas fuerzas.

2.- Hacer cosas nuevas y sencillas como aprender un poema, pintar un cuadro, aprender un instrumento, escribir un diario, aprender a bailar salsa, escribir una canción y tantas cosas que podemos hacer y que nos aportaran satisfacción y alegría

# PREMISA # 5

APRECIAMOS
MAS LA VIDA
CUANDO NOS
SENTIMOS
CERCA DEL
FINAL

"El hombre se hace viejo muy pronto, y sabio demasiado tarde, precisamente cuando ya no hay tiempo…"

*Poema "Con el tiempo" Jorge Luis Borges*

"la tragedia de la vida no es que termine pronto, sino que esperamos mucho para comenzarla"

*William Mather Lewis*

La madurez nos da la sabiduría que nos hace falta de jóvenes. Apreciamos la vida a detalle, ya no pensamos tanto en el dinero y apostamos más por la tranquilidad, nos sentimos más cómodos con nosotros mismos, nos aceptamos más, tomamos las cosas con calma, somos más tolerantes, intentamos cuidarnos más, hacemos más ejercicio, disfrutamos más la vida sabiendo que muchos amigos o conocidos ya no están y aunque estamos en la fila de partida, en realidad hasta que no nos sorprenda la muerte, no sabremos cuando es nuestro turno. Por lo tanto, es inútil invertir nuestro tiempo preocupándonos por ese momento. Lo verdaderamente importante es darnos cuenta que el "aquí y ahora" es lo único que realmente vale la pena. Tenemos que aprovechar cada segundo que nos quede por vivir; nada ganamos con pensar obsesivamente en la muerte, si no es para mejorar nuestro presente, ni en creer que somos inmortales, al grado de aplazar nuestra felicidad creyendo después tendremos muchísimo tiempo para alcanzarla.

### Podemos perderlo todo en un instante

El hecho de entender que no tenemos la vida asegurada, que nuestros días están contados y que hay fecha de caducidad, nos hace disfrutar cada día con intensidad. Sabemos que estaremos menos arrepentidos de nuestros actos realizados que de los no realizados. Solo Dios sabe si estamos cerca o lejos de nuestro destino final y no debemos dejar de dar gracias por cada segundo de nuestra vida pensando que lo que tenemos lo podemos perder instantáneamente.

En el 2011, **Susan Spencer**, exitosa periodista de 44 años, casada, con 2 pequeños hijos y un gran futuro por delante, fue diagnosticada la enfermedad de ELA (Esclerosis Lateral Amiotrófica) también llamada "mal de Lou Gehrig". El doctor le aseguro que era irreversible y que destruye sistemáticamente los nervios que controlan los músculos y que tendría entre 3 a 5 años de vida. Su hermosa existencia se derrumbó al tal grado de pensar en el suicidio para poner fin al terrible sufrimiento que lentamente acabaría con su vida y el bienestar de su familia. Poco apoco supero la crisis inicial y decidió enfrentar positivamente su destino. Dejo su empleo como periodista y decidió pasar más tiempo con su familia. Hizo 7 viajes con las 7 personas más importantes de su vida y escribió un libro.

Como Susan, podemos estar viviendo una vida de ensueño pensando que siempre será igual, que lentamente nos haremos viejos y disfrutaremos nuestra vejez con tranquilidad y resignación. Así lo manifiesta en su libro **Antes de decir Adiós**:

"Y como todos, creí que la felicidad seguiría su curso, a través de bailes escolares, bodas y nietos, el retiro y un par de décadas en lento declive."

Tal vez, ese hubiera sido su destino si no se atraviesa esta terrible enfermedad. Siempre habrá obstáculos y sorpresas que pueden detener el curso normal de una vida productiva y llena de sueños.

Susan sobrellevo valientemente la enfermedad y con el único dedo que le servía de ambas manos por estar casi inmovilizada, escribiría diariamente su proceso y deterioro en su celular. Cada vez más incapacitada, llego a la conclusión final de que "la felicidad consiste, en no desear lo que no podemos hacer ni tener"

Con ELA o sin ELA, nosotros también estamos muriendo, aunque no sabemos cuándo ni cómo sucederá. Lo que hace terrible una enfermedad es que nos ubica en la realidad: somos seres mortales. Además, nos hace pensar en cosas que no pensamos cuando estamos sanos pues sabemos que tenemos poco tiempo.

Susan, decidió vivir bien todo el tiempo que le quedaba. Decidió vivir con prioridades perfectamente definidas, no había tiempo para nada más. Primero lo primero y después si queda tiempo y salud, lo demás.

## Retomar el manual

Dicen que la alimentación ideal para el ser humano es la dieta destinada a un diabético. La dieta es estricta y muy saludable. Se suprimen todos aquellos alimentos inútiles para nuestro cuerpo y se seleccionan bombas de nutrientes naturales que, aunque no nos gusten los necesitamos, así, nuestro cuerpo entra en una guerra frontal contra una enfermedad terrible que en la mayoría de los casos nuestros malos hábitos alimenticios detonan. Empezamos a comer sanamente, como lo deberíamos haber hecho siempre.

Así como la diabetes u otra cruel enfermedad, la probabilidad de morir inesperadamente nos pone en alerta para empezar a vivir como deberíamos haberlo hecho toda nuestra vida. Como nuestro ser interno sabe hacerlo de origen y lo hemos maniatado con miedos y mentiras que a nuestro alrededor abundan y también nos enferman. Nacemos con un manual perfecto de vida, pero poco a poco nos van "educando", nos van "preparando", nos van "moldeando", frecuentemente con muy buenas intenciones, pero terminamos siendo todo, menos lo que originalmente deberíamos ser: auténticos, libres y felices.

**Mario Andrade**, poeta, novelista, ensayista y musicólogo brasileño, escribió un hermoso poema llamado ***Mi Alma tiene prisa,*** mediante el cual nos expone su forma de ver la vida en la edad madura:

*Conté mis años y descubrí, que tengo menos tiempo para vivir de aquí en adelante, que el que viví hasta ahora…*
*Me siento como aquel niño que gano un paquete de dulces: los primeros los comió con mucho agrado, pero, cuando percibió que quedaban pocos, comenzó a saborearlos profundamente.*
*Ya no tengo tiempo para reuniones interminables, donde se discuten estatutos, normas, procedimientos y reglamentos internos, sabiendo que no se va a lograr nada.*
*Ya no tengo tiempo para soportar a personas absurdas que, a pesar de su edad cronológica, no han crecido.*
*Ya no tengo tiempo para lidiar con mediocridades.*
*No quiero estar en reuniones donde desfilan egos inflados.*
*No tolero manipuladores y oportunistas.*
*Me molestan los envidiosos, que tratan de desacreditar a los más capaces, para  apropiarse de sus lugares, talentos y logros.*
*Las personas no discuten contenidos, apenas los títulos.*
*Mi tiempo es escaso como para discutir títulos.*
*Quiero la esencia, mi alma tiene prisa…*
*Sin muchos dulces en el paquete…*
*Quiero vivir a lado de la gente humana, muy humana.*
*Que sepa reír de sus errores.*
*Que no se envanezca con sus triunfos.*
*Que no se considere electa antes de hora.*
*Que no huya de sus responsabilidades. Que defienda la dignidad humana.*
*Y que desee tan solo andar del lado de la verdad y la honradez.*

*Lo esencial es lo que hace que la vida valga la pena.*
*Quiero rodearme de gente que sepa tocar el corazón de las personas…*
*Gente a quien los golpes duros de la vida le enseño a crecer con toques suaves en el alma.*
*Si…tengo prisa…por vivir con la intensidad que solo la madurez puede dar.*
*Pretendo no desperdiciar parte alguna de los dulces que me quedan…*
*Estoy seguro que serán más exquisitos, que los que hasta ahora he comido.*

*Mi meta es llegar al final satisfecho y en paz con mis seres queridos y con mi conciencia.*
*Tenemos dos vidas y la segunda comienza cuando te das cuenta que solo tienes una.*

Es verdad que nuestra bendita madurez nos abre los ojos y nos hace más atentos y agradecidos, pero por que esperar a ser adultos mayores para apreciar más cada momento y disfrutar cada segundo.

## Un proceso inevitable

Al parecer, cuando estamos jóvenes, la mayoría vivimos corriendo, sin observar con mucha atención lo que sucede a nuestro alrededor, todo es fugaz y sin mucho apego, toda nuestra atención la absorben los estudios, las amistades escolares, las redes sociales, la moda y los noviazgos. No estoy en contra de nada de esto, solo pienso que vivimos tan distraídos en esos tiempos, que nuestra vida vuela entre actividades demasiado superficiales y volátiles, aun con la preparación educativa que estamos recibiendo.

Después, cuando somos profesionistas, la atención está en cumplir nuestro rol de empleados, auto empleados o emprendedores, sea cual sea el papel que hayas elegido, y nuestra responsabilidad aumenta y también el estrés. No puedo negar que son ciclos naturales y necesarios, pero poco o nada se nos enseña a darle igual importancia a nuestro tiempo libre, gustos, aficiones y talentos, que nos abrirán un mundo lleno de satisfacciones personales, que por supuesto nos harán mejores seres humanos.

Luego nos casamos y nos convertimos en padres y en muchísimas ocasiones antes de tiempo, complicándonos más la vida, con todas las responsabilidades que conlleva la experiencia de traer hijos al mundo y la vida que de por sí ya era complicada se vuelve agobiante. Nuestras preocupaciones ya no son solo las de solteros, sino también la nueva vida familiar entera es nuestra responsabilidad, hasta que algún día nuestros hijos terminan de estudiar, también se convierten en profesionistas, se casan, y al fin volvemos a ser "libres" otra vez, pero cargados de años, de arrugas y de experiencias. Entonces te preguntas:

---

***¿Acaso nuestro destino solo consiste en nacer, crecer, reproducirte y morir?***

---

El Rabino y escritor *Harold S Kushner* lo dice así en una de sus reflexiones:

"¿Que encierra la vida aparte del mero hecho de existir, comer, dormir, trabajar y procrear hijos?  ¿Somos iguales a los animales salvo en la capacidad de cuestionarnos el sentido de la vida? (…)

Quizá podemos postergar unos años la respuesta, mientras estamos ocupados con decisiones vinculadas con la educación o el matrimonio. En esas primeras décadas, otras personas tienen más influencia sobre nuestra vida que nosotros mismos. Pero tarde o temprano habremos de plantearnos: ¿Que tengo que hacer con mi vida? ¿Cómo puedo vivir de modo que mi paso por este mundo sea algo más que un breve fogonazo de existencia biológica que habrá de desaparecer para siempre? (…) Acaso con nuestra desaparición ¿el mundo va a perder algo o solo estará menos abarrotado?"

Cuando llegamos al otoño de la vida, en que ya no deseamos obtener tantos logros, que ya hicimos lo que humanamente pudimos hacer, en que solo queremos disfrutar más la vida y saborear el fruto de nuestro esfuerzo, es cuando confirmamos que *"solo tenemos dos vidas y la segunda empieza cuando te das cuenta que solo tienes una"*

Entonces nuestra existencia busca sentido y nuestro objetivo debería ser este:

## *Naces, creces, te reproduces y…. ¡VIVES!*
## *¡Si!... ¡realmente vivir, como hemos deseado vivir!*

Cada etapa de la vida tiene su encanto y su problemática, ya rápidamente se mencionó anteriormente, pero al final, nos damos cuenta que en el recorrido prácticamente nos convertimos en robots que solo hacen lo que tienen que hacer. La vida explota alrededor nuestro y las ocupaciones nublan como cataratas nuestros ojos.

Lo más seguro, es que nuestros errores o aciertos de juventud nos tengan donde estamos; si estas satisfecho ¡genial!, si no es así, nunca es tarde para retomar el camino hacia lo que tu corazón suplica; date el gusto, hazle caso y a partir de hoy vive una mejor vida. Solo tú sabes cuáles son los deseos más profundos sembrados en tu corazón desde que naciste; Si tu existencia actual se ha convertido en una película aburrida, solo tú le puedes darle vida al nuevo protagonista que tanto deseas recrear.

No necesitamos que otra persona venga a decirnos como ser felices, pues no existe un estado de felicidad en que podamos estar permanentemente estacionados. La felicidad no es un lugar, es un camino que solo tú puedes recorrer. Es bueno intentar crecer escuchando consejos, leyendo libros, asistiendo a talleres y conferencias, pero nunca sustituyendo a las huellas que dejan tus pasos al caminar hacia tu verdadero "yo", por el seductor canto de las sirenas que cautivan nuestra mente y que nos pueden desviar por el camino fácil, y conducirnos a la desilusión. La felicidad no viene del exterior, no es algo que alguien o algo nos podrá dar. Gran parte de nuestro bienestar nos lo aportara el simple hecho de ser verdaderamente nosotros mismos.

Harold S.Kushner, mencionado anteriormente y gran estudioso del libro de Eclesiastés en la biblia, llega a esta conclusión:

"Eclesiastés, se pasó casi toda la vida buscando la gran solución, (es *decir la felicidad total*) la gran respuesta al gran interrogante, y al final, se dio cuenta de que desperdiciar tanto tiempo en búsqueda de la respuesta, era como tratar de comer una sola comida suculenta, de modo de no volver a sentir hambre nunca más. No hay una sola respuesta sino muchas: el amor, la alegría de trabajar, los placeres simples de la comida y la ropa limpia, las pequeñas cosas que sueles perderse en la búsqueda de la gran solución, pero que emerge solo cuando dejamos de poner tanto afán"

"Cuando llegamos a esa etapa de la vida en que no podemos lograr tantas cosas, concluye Kushner, pero somos capaces de disfrutarlas, habremos obtenido la sabiduría que finalmente hallo Eclesiastés al cabo de tantos sinsabores".

**EN POCAS PALABRAS:**

La madurez nos da la sabiduría para entender que el momento presente es lo único que tenemos y que nuestro pasado ya no existe y nuestro futuro empieza en este momento.

Te recomiendo leas el libro de Susan Spencer y reflexiones en sus conclusiones de vida. Una lección de aceptación y búsqueda de la paz y la tranquilidad antes de partir.

El poema de Mario Andrade, mi Alma tiene prisa, es un homenaje a la madurez, léelo en voz alta y siéntelo, compréndelo, analízalo.

**Pregúntate:**

¿Comparando tu vida con la de Susan Spencer y su terrible enfermedad degenerativa, crees realmente que tu vida anda muy mal?

**Un poco de acción:**

1.- Imagínate que te dijeran que tienes una enfermedad degenerativa y que lentamente morirás, ¿qué lista de cosas te apresurarías a hacer antes de no poder hacer nada? Y si después de pasar el trago amargo te dijeran – disculpe, usted está sano (a), hubo un error. ¿Qué aprendizaje obtendrías?

2.- No sé qué edad tengas, pero, ¿por qué esperar a sentirnos viejos para valorar lo que tenemos? Valora que no te duele nada, que puedes correr, caminar, comer todo, viajar, tener buena vista y tantas cosas que se van deteriorando poco a poco.  Sal a la calle y llénate de vida, disfruta lo que un día ya no podrás. Abraza más, diviértete más, besa más.

3.- Recuerda que la felicidad se produce con una serie de acciones repetidas y constantes; no seremos felices una sola vez y para siempre. Sería como querer comer mucho una sola vez, y pensar que no ya no tendremos hambre después.

# PREMISA # 6

# EL PASADO NO ES VIDA DESPERDICIADA

**"Somos lo que hacemos con lo que hicieron de nosotros"**

*Sartre*


**"Nunca te lamentes de tu pasado, acéptalo como el maestro que es"**

*Robin Sharma*

¿Qué seriamos sin nuestro pasado? Que seriamos sin esos conocimientos que nos dieron las experiencias buenas y malas que nos sucedieron. ¿Por qué quejarnos de lo que paso antes en nuestra vida? Nuestro pasado es aprendizaje total y absoluto; un camino que tuvimos que recorrer para llegar a este punto. Todo lo bueno y lo malo que nos sucedió, solo vale como experiencia; no tiene otro valor. Nuestro cambio será para bien si así lo decidimos. Tenemos que aligerar nuestro presente dejando el pasado atrás y soltando todas nuestras culpas y sentimientos limitantes que nos unen a él.

El pasado es nuestra escuela más importante y productiva, somos resultado de lo que vivimos y aprendimos. El tronco que nos sostiene; este hecho de experiencia y aprendizajes que a lo largo de nuestra vida hemos acumulado. No podemos cambiar lo que ya hicimos, pero si podemos cambiar lo que aprendimos y creemos. Tampoco estoy diciendo que desechemos todo lo que aprendimos de nuestros padres y formadores, no, sino intentar desterrar toda aquella basura que ocupa espacio y que muchas veces no nos hace ser mejores seres humanos.

## Aprendemos a tener miedo

Muchos de nuestros miedos son aprendidos, cuando nos dijeron por años que deberíamos buscar un sueldo seguro, o cuando nos afirmaron continuamente que de nuestra pasión no viviríamos y un cumulo de etcéteras que tú mismo debes de encontrar y sustituir. Del pasado solo debemos aprender. Pudo ser duro cometer errores, pero ¿quién no los comete? El crecimiento se da cuando se superan esos errores y comenzamos de nuevo. Cada tropiezo nos hace caminar con mayor experiencia y conocimiento. ¿Qué sería de nosotros si nunca cometiéramos errores? El pasado es una gran escuela, pero nosotros decidimos que conocimiento tomar y cual no. No todo es bueno ni todo es malo, pero todo nos sirve. Bendito pasado que nos ha hecho llegar hasta donde estamos. Si estamos bien para mejorar y si estamos mal para recapacitar y renacer.

Leí un artículo corto pero muy interesante de un famoso bloguero satírico, que se hace llamar **Cavalleto**, que me hizo pensar en todo lo que he pasado, las cosas buenas y malas que me han sucedido, las veces que sin darme cuenta pude morir y estuve a un segundo o a un centímetro de que sucediera y me salvé. Vete en el espejo y piensa que tanto es un milagro que hayas nacido como que no hayas muerto de mil formas en todos estos años. O sea, que eres un superhéroe que ha sorteado la muerte muchísimas veces. Aquí está completo el artículo:

## Estamos vivos de pura carambola

¿Has pensado alguna vez lo raro que es que sigas vivo a tu edad? Plantea por un momento cuantas veces podrías haber muerto en todos estos años.

Si vives en un país desarrollado como España (por ejemplo) lo más habitual habría sido que hubieras muerto ya de cáncer, un infarto o en un accidente de tráfico. Pero no, tú sigues vivo.

Hemos tenido la enorme suerte de no vivir una gran guerra, una de esas que reduce a la mitad el número de hombres jóvenes en una sociedad. No hemos padecido ninguna pandemia (ejemplo, en 1918 la pandemia de la gripe dejó 50 millones de muertos) y los desastres climáticos son más o menos controlados. Parece que todo se ha confabulado para que tú y yo sigamos vivos.

Desde que has nacido has podido morir por una enfermedad congénita, en cambio superaste la infancia sin morir en ningún accidente doméstico. No sufriste una sobredosis en la adolescencia, ni has muerto en un accidente de ciclomotor, ni decidiste suicidarte. Tú sigues vivo.

Y eso que mañana mismo podrías morir de un infarto cerebral, electrocución, el ataque de un perro o que te alcance un rayo. Pero sabes que mañana seguirás vivo. Se han dado tantas casualidades hasta este momento para que sigas vivo que sólo se puede achacar a una carambola. Era casi imposible que nacieras y has tenido muchas posibilidades de morir antes de cumplir tu edad. Pero sigues viviendo.

De hecho, el simple acto de haber nacido aquí ya ha sido una gran ayuda para sortear la muerte, porque si te toca vivir en un país subdesarrollado las posibilidades de que ya estuvieras criando malvas serían enormes, porque no tendrías nuestro sistema de salud, nuestra alimentación y seguridad ciudadana. El simple hecho de nacer 3.000 km más al sur podría haber sido decisivo para que no hubieras podido leer este post en este momento porque ya habrías muerto. Pero no, tú sigues vivo.

Pero es que no sólo estás vivo, además estás sano, sin minusvalías, sin mutilaciones, sin problemas de movilidad. Tienes todos los dedos, todos los dientes, no te falta un ojo, ni un brazo, ni una pierna, ni has tenido que operarte nunca. De una pieza. Porque podrías haber sobrevivido a todo esto y estar hecho un cuerpo escombro. Pero no, sigues vivo, sano y entero.

Espera que no hemos terminado. Porque además de estar vivo y de una pieza, estás mejor que la gran mayoría de los individuos que viven en el mismo espacio y tiempo que tú. **Tienes ropa, comida, agua potable, vivienda, familia, amigos y algo de dinero. Y todo es por pura carambola.**

Da un poco de miedo pensar que estamos vivos por casualidad y que no está en nuestra mano evitar que mañana mismo pasemos a formar parte de la lista de inquilinos del cementerio o de los donantes de órganos del hospital más cercano. O tal vez más que miedo podemos incluso sentir un poco de alivio, de liberación al saber que hagamos lo que hagamos el hecho de que sigamos vivos escapa a nuestro alcance y que lo estaremos hagamos lo que hagamos. Así que te regalo un consejo: **No pierdas el tiempo con medios días habiendo días enteros**.

No sé tú, pero yo me siento como un sobreviviente de los Andes después de este artículo. Si tú crees que tu pasado es vida desperdiciada porque no lo aprovechaste como debías haberlo hecho, al menos piensa que pudiste haber muerto hace muchos años, pero aquí estas. Sobreviviste. Seguimos en peligro cada segundo, pero nuestro pasado nos tiene aquí, vivos, con problemas o sin ellos, pero no es vida desperdiciada. Simplemente voltea y ve la fila de caídos tras de ti: Amigos, familiares, hermanos, padres y tanta gente que de forma natural o accidental se ha adelantado.

## El niño que se hizo adulto

Cuando era niño, solía ver las estrellas con mi padre. Creía que era un genio que lo sabía todo. Veíamos las estrellas acostados en los "catres" (una especie de camas armables para el que lo llame diferente), porque en tiempo de calor dormíamos toda la familia en el patio trasero y era una verdadera fiesta entes de dormir. La inmensidad del cielo estrellado era un espectáculo que pocas veces he vuelto a experimentar (Es algo que tienes que proponerte ver antes de morir, si nunca lo has hecho). "Si se fijan, —decía mi padre, las luces fugaces desaparecen rápido porque son objetos o meteoritos que al entrar en contacto con la atmosfera se incendian y no logran caer en la tierra, cosa que sería peligroso para nosotros. La atmosfera nos protege. Y las otras lucecitas que pasan lentamente se les llaman *satélites*, porque giran alrededor de la tierra y van registrando todo desde arriba. Pueden ser rusos o gringos" –comentaba -. Recordé que eso lo había visto en la televisión alguna ocasión. Meses antes también, el hombre había llegado a la luna.

Los recuerdos de infancia son cosas inolvidables. Recuerdo los juegos en la calle con todos mis amiguitos, mojarnos en la lluvia, las fiestas de cumpleaños, los paseos a la playa, las navidades con mis primos, tíos y abuelos. Todo está en la mente, solo basta intentar traerlo a flote. Dicen que ese niño que se convirtió en adulto, siempre está ahí, junto a nosotros y sale a la luz cuando hacemos berrinche, cuando pateamos un bote de puro coraje, cuando saltamos de felicidad, cuando abrazamos a un ser querido con mucha alegría, cuando jugamos con los perros, cuando celebramos un gol de nuestro equipo favorito y en todas las expresiones espontaneas que nos caracterizan. Por supuesto, también está en nuestros miedos, en nuestras necesidades de afecto y cariño y nuestros traumas más arraigados. No hay infancia perfecta ni adulto totalmente feliz. Solo seres humanos cargando una historia, un pasado y viviendo un presente.

Nuestro pasado es un costal de recuerdos felices y dolorosos. Ellos determinan una gran parte de nuestra vida presente. Hay cosas que debemos soltar para sentirnos mejor y conservar todo aquello que nos sirva para crear un mejor presente. Nuestro niño quedo atrás y nos convertimos en adultos. Pero, ¿los sueños de aquel niño se hicieron realidad o ni siquiera recordamos que queríamos ser de niños? ¿Nos convertimos en personas completamente distintas a la que soñaba ser aquel niño ser? Que hermoso seria poder platicar nuevamente con aquel pequeño ser humano que nos precedió. Aquel pequeño cuerpecito que aún conservaba intacta la información básica e irrepetible que lo haría crecer como un adulto distinto a todos, con sus propias características naturales, sin miedos acumulados, sin barreras mentales que van minando su identidad divina.

¿Qué piensas de esta pregunta?

**"Si hoy el niño que alguna vez fuimos nos preguntara que es lo más importante que hemos aprendido a lo largo de nuestra vida, ¿Qué le responderíamos…?**

*Richard Bach -Alas para vivir*

¿Qué es lo que hemos aprendido a lo largo de nuestra vida? Ese cumulo de vivencias, es el valor que conforma el verdadero aprendizaje. Nuestro pasado está ahí a nuestro alcance, como una gran biblioteca. Podemos registrar los estantes de nuestra mente y consultar lo que hemos grabado en ella y ver cómo nos puede ayudar o cómo podemos ayudar a otros.

Por supuesto que, si tienes hijos, tu pasado es una escuela que quieres compartir. Aunque sepamos que su vida no será perfecta y que los fracasos los forjaran y los harán crecer, no queremos que ellos repitan los errores que cometimos nosotros; al menos los más evidentes. El error más frecuente que cometemos los padres es usar nuestro pasado para sobreproteger a nuestros hijos. No quisiéramos que sufrieran, son nuestros seres más amados; pero envolverlos en una burbuja solo los haría inútiles para defenderse en el momento que ya no estemos nosotros para sacarlos de apuros. Nuestras experiencias deben convertirse solo en orientación, pues generalmente ellos van entendiendo nuestros consejos a medida que se va topando con lo que tanto tratamos de evitarles. Solo recuerda cuantas veces pensaste "Que razón tenía mi padre".

Nuestra niñez como nuestro pasado en general, estará ahí siempre. Nuestros recuerdos son imborrables. Durante toda la vida nos perseguirán y solo nos queda hacer las paces con lo que ya paso. Nada podemos hacer si hicimos daño, solo pedir perdón. Nada podemos hacer si no hicimos lo que deberíamos haber hecho en su momento, lamentarnos no resolverá nada, solo intentarlo de nuevo si es necesario y posible. Nada podemos hacer para amar más a nuestros padres si ya se fueron, solo honrar su recuerdo, olvidar sus errores y recordar sus aciertos. Tenemos que soltar el barquito de papel de nuestro ayer, como lo hacíamos de niños, siguiéndolos un momento y después diciéndoles adiós, en aquellos ríos de lluvia.

Te comparto esto que escribí para mis hijas Cristina y Fabiola, pensando en lo que he aprendido de mi pasado:

*Me gustaría que fueras muy amada; pero prefiero... ¡que te ames a ti misma!*

*Me gustaría que fueras muy rica; pero prefiero... ¡que seas feliz!*

*Me gustaría que fueras un genio; pero prefiero... ¡que disfrutes lo que haces!*

*Me gustaría que fueras hermosísima; pero prefiero... ¡que seas segura de ti misma!*

*Me gustaría que tuvieras una larga vida; pero prefiero... ¡que vivas el día de hoy intensamente!*

Antonio Betanzos

## EN POCAS PALABRAS:

Nuestro Pasado es nuestra mejor escuela. Todo lo bueno o malo que hicimos se convierte en aprendizaje.

No solo somos un milagro por lo complicado que fue que naciéramos, así como somos, también es un milagro que sigamos vivos hasta el día de hoy. Hemos sobrevivido a muchas circunstancias que podrían haber acabado con nosotros de alguna u otra forma, desde hace mucho tiempo.

Nuestro pasado no es vida desperdiciada, es lo que nos hizo llegar hasta aquí, pero debemos sacar provecho de todo lo que hemos transitado y no entristecernos por lo que dejamos de hacer o hicimos mal. Mientras haya vida existe esperanza.

**Pregúntate:**

¿Piensas que el niño que fuiste estaría orgulloso del hombre en que te has convertido?

**Un poco de acción:**

1.- Lee el libro de Richard Bach, *Alas para vivir* y reencuéntrate con tu pasado. Hay un niño dentro de nosotros que exige explicaciones: ¿dónde quedaron sus sueños?

2.- Escribe en un papel, una lista de cosas de las que estés arrepentido haber hecho, pide perdón a Dios o al universo por ellas y quema el papel. Tenemos una vida por delante que atender y nuestro pasado no debe ser obstáculo.

3.- Agradece que tienes un cuerpo maravilloso que ha sobrevivido a enfermedades, accidentes, malos climas y tantas otras cosas, y se ha librado asimismo de muchas circunstancias adversas y mortales que no estuvo en nuestras manos evitar.

4.- "Ya lo pasado, pasado…no me interesa" diría la canción de Juan Gabriel, interpretada genialmente por el inolvidable José

José. Ese debe ser nuestro canto y seguir adelante. Lo que hicimos bien será un recuerdo agradable y lo que hicimos mal se convierte en aprendizaje. Ya no tenemos poder para cambiarlo, dejémoslo en paz.

# PREMISA # 7

# EL FUTURO NO ES VIDA

"El futuro empieza hoy, no mañana"

*Juan Pablo II*

"No hay absolutamente nada más allá del aquí y el ahora, solo sueños y deseos. El futuro esta implacablemente vacío, lo único que realmente existe es el presente"

*A. Betanzos*

El futuro no existe más que en nuestra mente. Sabemos que habrá un mañana por experiencia, pero en realidad no existe. Lo único que podemos afirmar que es real y verdadero, es que lo que estamos viviendo en este momento. El mañana es algo que concebimos como la continuación de nuestra película diaria. Por eso, el estar haciendo planes para el mañana no debe quitarnos mucho tiempo de verdadera vida. Planear es positivo, pero no podemos dedicarnos a ello y olvidarnos de actuar en el presente.

Es práctico tener una agenda y programar una semana de eventos que realizar y seguir el camino al pie de la letra. Nos hace organizados y eficientes, pero una vez hechos los planes previamente, hay que volver a nuestra realidad y nuestra única realidad es nuestro aquí y ahora. No soñemos mucho ni pensemos demasiado en lo que haremos mañana, dediquémosle el tiempo necesario y basta.

**Khalil Gibran** poeta y novelista Libanes, decía: *"nuestra ansiedad no proviene de pensar en el futuro, sino de intentar controlarlo"*.

## Preparar el futuro hoy

Tenemos a nuestro alrededor cosas importantes que atender como dedicarle más tiempo a la familia, los amigos, nuestras pasiones y nunca olvidar las diversiones, porque una vida aburrida y sin chispa no es vida.

Dicen algunas estadísticas que el 90% de las personas no saben por qué se levantan cada mañana. Es decir, que no tenemos un propósito definido o motivos importantes para alegrarnos de una mañana más de vida. Estamos viviendo como autómatas que hacen lo mismo todos los días y sin mucho sentido. Por supuesto es muy diferente a que esa misma rutina se haga con un mucho significado y placer. Esa es la gran diferencia de los rituales humanos. Nos dan satisfacción o solo nos mantienen activos.

Mucho de este problema lo genera el hecho de estar esperando que nuestra vida sea otra el día de mañana, que algo pase sorpresiva y afortunadamente, para que cambie de golpe nuestra aburrida rutina diaria por una vida esplendorosa. La verdad es que no es un mal deseo, pero lo que sí es desastroso es que no hagamos realmente algo en el presente para provocar ese cambio. Si, los sueños son positivos, pero no debemos quedarnos solo pensando en ellos, sino en actuar, accionar, empezar, dar el primer paso por pequeño que este sea para lograr lo que deseamos que suceda mañana.

## El poder de la visualización

Se dice que el subconsciente no distingue lo imaginado de lo real, es decir que si imaginas algo el subconsciente lo acepta como real y no lo cuestiona. Esto ha dado como resultado que muchos estudios dirigidos hacia el mejoramiento humano, volteen a ver la técnica de la "visualización" como un instrumento muy positivo para "construir" nuestro futuro. De hecho, nosotros, en el día a día estamos constantemente visualizando nuestro futuro, es decir, cuando pensamos constantemente en todos los pendientes que tenemos para mañana, a medio mes o el mes que entra, estamos preparando lo que queremos que suceda, y esto tal vez, nos produzca preocupación o ansiedad. Los expertos aconsejan que para revertir esa situación tenemos que usar correctamente la visualización.

Sabemos perfectamente que el futuro solo está en nuestra mente, entonces planearlo positivamente nos evitara fugarnos hacia la preocupación o hacia la ansiedad, y anclar nuestros pensamientos en lo provechoso de pensar en el futuro utilizando una visualización positiva.

**Shakty Gawain,** escribió un magnífico libro titulado ***Visualización Creativa*** en el que nos enseña a usar la imaginación para lograr lo que quieres en la vida, es decir, que, si vamos a pensar en el futuro, que generalmente no podemos evitarlo, lo hagamos bien y para nuestro bienestar y provecho.

"La mayoría de nosotros estamos conscientes del hecho de que sostenemos un "dialogo" interior casi constantemente en nuestras mentes –comenta shakty-. La mente está ocupada "hablándose" así misma, comentando sin cesar acerca de la vida, el mundo, nuestros sentimientos, nuestros problemas, otras personas etc.  Las palabras e ideas que nos pasan por la mente son muy importantes. La mayor parte del tiempo no nos damos cuenta, de manera consciente, de este flujo de pensamientos, y sin embargo aquello que "nos decimos a nosotros mismos", normalmente es la base sobre la que formamos la experiencia de nuestra realidad".

Dicho en otras palabras, lo que pensamos con más frecuencia, se convierte en nuestra realidad. Somos lo que pensamos todos los días sea bueno o sea malo. Si vamos a pensar en el futuro, lo mejor es creer que será maravilloso.

"Por imposible que parezca, –continua Shakty, muchos de nosotros tenemos dificultad para aceptar la posibilidad de tener lo que queremos en la vida. Estos sentimientos se derivan por una devaluación personal que adquirimos en una edad muy temprana(…)Lo importante es darse cuenta que solo son creencias(…)La visualización creativa consciente es el proceso de crear pensamientos e imágenes positivas(…)comience a visualizarse y a afirmarse como poseedor de una salud perfecta y radiante; vea cada problema como si estuviera completamente resuelto y curado(…)El simple hecho de tener un pensamiento o idea y retenerlo en la mente, es energía que tiende a atraer y crear esa forma en el plano de lo material. Cuando "creamos" algo, siempre lo hacemos en un principio en forma de pensamiento."

Con esto entendemos que nuestras creencias actuales positivas y negativas, fueron forjadas desde nuestra infancia y que para revertir todas aquellas creencias que limitan nuestra felicidad, nos reprimen o nos bloquean, tenemos que "visualizarnos" de la manera correcta, es decir creándonos un futuro maravilloso eligiendo e insistiendo, por lo menos por 5 o 10 minutos diarios de concentración y meditación, la vida más hermosa que podamos imaginar.

En ***El juego de la vida y como jugarlo***, **Florence Escovel** lo dice así:

"Ninguna persona puede obtener más que aquello que se visualiza recibiendo (…) no puede tener aquello que no existe dentro de su propia visualización (…) gracias a la fuerza vibratoria de las palabras aquello que decimos es justamente lo que atraemos."

No debemos menospreciar el poder de la imaginación. El gran físico alemán de origen judío, considerado el científico más importante del siglo XX, Albert Einstein, dijo:

*"la imaginación es más importante que el conocimiento. El conocimiento es limitado, la imaginación lo abarca todo"*

Todo lo que vez a tu alrededor primero fue una idea, una creación imaginada que posteriormente se convierte en realidad. Que poder tan grande tiene imaginar. Que importante entonces imaginar un gran futuro y luego forjar un presente que nos lleve hacia él. Entonces, Visualizar es imaginar en el presente lo que queremos ver en el futuro.

El escritor **Alan Enestein**, lo dice así en su libro ***Como llenar sus días de amor:***

"Utilice su imaginación para pensar en su vida de manera diferente. Imagínese que puede recrear su existencia y su propia personalidad como quiera. Nada es imposible para su imaginación. Nadie le puede imponer como verse a sí mismo o como tiene que pasar su tiempo, o con quien juntarse. Su verdadero YO, - esa persona que quiere crear – será el centro de su pensamiento (…) no es necesario dedicar todo el día a estas actividades para que sea efectiva, pero cuando tenga unos minutos libres, imagínese que usted es el creador de su vida, que la conduce y dirige (…)"

## Hágase tu voluntad

**La oración** es otra forma poderosa de contrarrestar la tentación de pensar demasiado en el futuro e intentar controlarlo. Cuando uno entrega a través de ella la totalidad de nuestro porvenir a un poder divino o universal, viene por consiguiente la aceptación del resultado de nuestro destino, que nos permite vivir más en el aquí y en el ahora, al permanecer en una actitud de completa sumisión a una inteligencia infinita. Las veces que la vida me ha azotado contra el suelo, y les aseguro que no ha sido una vez, lo que me ha sostenido y ha cambiado mi vida en esos momentos tan difíciles, es la humilde posición de hincarme y pedirle a mi señor: *Padre, Haz tu voluntad.* El poder de la oración, aunque inexplicable para nuestros sentidos, trasgrede la realidad y transforma lo intransformable.

Solo Dios conoce el futuro que para nosotros no existe y sé que es difícil entender esto; pero de lo que sí tenemos poder, es en hacer cambios hoy, para mejorar nuestro mañana. La visualización, la oración, la planeación, son solo instrumentos para esperar un futuro mejor, quitándole poder a la preocupación, a la ansiedad e incertidumbre que nos provoca no saber que pasara después.

## EN POCAS PALABRAS:

Es importante y necesario ser organizado y planear nuestro día de mañana, lo que no es bueno es quedarnos anclados en el que harás o en que vendrá. Planeamos y volvemos a vivir el en el hoy. Quedarnos pensando en el futuro nos roba vida real por vida ilusoria.

Shakty Gawain en su libro "Visualización Creativa" nos enseña a usar la visualización y varias técnicas para lograr lo que quieres en la vida. Esta técnica nos enseña como pensar correctamente en el futuro sin descuidar el presente.

La oración es otra herramienta para dejar las cosas en manos de un poder superior y descansar en su voluntad. El futuro se planea y trabaja desde hoy. Lo demás queda en manos de Dios.

**Pregúntate:**

¿Cuantas veces te quedas anclado en esa preocupación, en ese sueño, en ese miedo al que pasara mañana, en esa vida posterior que tanto deseas y no disfrutas tu presente?

**Un poco de acción:**

1.- Se organizado y ponte metas, pero no vivas soñando.

2.- realiza ejercicios visualización de 5 o 10 minutos y después a seguir viviendo el mundo real. Si la oración o la meditación te gusta más, adelante. Si quieres profundizar en esta técnica compra el libro mencionado de Shakty Gawain.

3.- Trata de recordar algo que imaginaste y luego se hizo realidad, algo que deseabas y obtuviste después. La imaginación siempre precede a la realidad.

3.- Ni futuro ni el pasado son nuestro problema. Vive el hoy lo mejor posible.

4.- Busca y lee en internet el cuento ***Pedro y el hilo mágico*** y veras lo que pasaría si tuviéramos el poder de adelantar el tiempo.

5.- Piensa que la única forma de crear un mejor futuro es empezar aquí y ahora, no mañana.

# PREMISA # 8

# LA VIDA ES HOY

**El tiempo no es oro, el oro no vale nada, el tiempo
Es vida.**

*José Luis Sampedro*


**Vive hoy, mañana haz lo que quieras**

*Anónimo*

Qué pasaría si en verdad fuéramos inmortales. ¿Qué sucedería con nuestra vida diaria? ¿Cómo sería? ¿Sería en verdad tan satisfactoria por el hecho de saber que tenemos toda la eternidad para hacer todo lo que nos propongamos? ¿En verdad sería divertido? ¿Qué pasaría con nuestros planes, nuestros proyectos, nuestras metas? ¿Serviría de algo planear sabiendo que de igual forma nuestro tiempo es indefinido? ¿No crees que tal vez el hecho de sabernos eternos nos robaría la creatividad, los sueños, la visión? La verdad no lo sabemos, pero lo que si estamos completamente seguros es que pasara todo lo contrario: que moriremos algún día.

Esto nos pone en una situación completamente distinta ante una mortalidad segura. La vida es corta y debemos vivirla al máximo si realmente queremos irnos satisfechos de haber disfrutado este glorioso regalo. Cada minuto que pasa nos acerca al final y no debemos desperdiciar el tiempo.

El escritor **Oliver Sacks**, en su libro ***"Gratitud"*** sabiendo que por una enfermedad le quedaba poco tiempo de vida comento al cumplir un año más:

*"Ochenta años, casi no me lo creo. A menudo tengo la impresión de que la vida está a punto de comenzar, solo para comprobar que casi término (…) no queda tiempo para lo superfluo. Cuando hayamos desaparecido, no quedara nadie como nosotros, pero lo cierto es que nadie es igual a los demás. Cuando alguien muere, no se le puede reemplazar (…) deja un agujero que no se puede rellenar, pues el destino —el destino genético y nervioso- de cada ser humano, consiste en ser un individuo único, en encontrar su propio camino, vivir su propia vida, enfrentarse a su propia muerte".*

*"He amado —continua Sacks, y he sido amado; he recibido mucho y he dado algo a cambio; he leído y he viajado, he pensado y he escrito. Por en-*

*cima de todo he sido un ser sintiente, un animal pensante en este planeta, y eso, en sí mismo, ha sido ya un enorme privilegio y una aventura".*

Con lo que nos explica Oliver, nos damos cuenta que aun viviendo la vida intensamente, con sabiduría y aprecio, con alegría y motivación, jamás vamos a sentir que nos llama la muerte en buena hora. Por lo contrario, quisiéramos más tiempo, para seguir creando, para seguir amando, para seguir viviendo. Por lo contrario, qué momento tan difícil debe ser esperar la muerte lleno de pendientes e insatisfacciones, sabiendo que pudimos hacer algo por ello.

Debemos vivir pensando que en cualquier instante pueden cambiar las cosas. Vivir en la espera de la mejor vida mañana es peligrosísimo si realmente descartamos de nuestra mente que no somos inmortales. De un segundo a otro cambia el panorama de seguridad que tenemos en nuestra vida. Solo debemos de estar seguros que no existe un mañana asegurado, podemos dormir y nunca más despertar. Podemos besar a una persona querida hoy y mañana ya no estar.

Nuestras prioridades también pueden ser destruidas en cualquier momento. Si tu prioridad era el trabajo, en un instante puede ser ahora la salud; si era el dinero, puede cambiar a atender a un familiar grave y olvidarte del dinero. Pensamos que nuestra vida siempre va a ser estable y controlada, pero las sorpresas nos acechan y la vida nos tiene sorpresas inesperadas que jamás imaginamos que llegaran. Por eso nuestro presente es vida, lo demás no es nada hasta que sucede y no sabemos si es bueno o malo. Sí, es verdad que hay muchas cosas importantes que nos roban la atención, como pagar cuentas y sacar nuestro trabajo con esmero, pero nada debe preocuparnos más que la vida.

Un viernes por la noche, recibí una llamada de una sobrina, diciéndome que mi hermano menor seria intervenido con urgencia por un padecimiento cardiaco. Su estado era de pronóstico reservado. Su vida pendía de un hilo. Todo quedaba en las manos de Dios. Los doctores aseguraron que una hora más sin atención y hubiera sido irremediable. Salió delante de esa primera intervención, pero sería necesaria otra operación a corazón abierto para intentar solucionar por completo su estado crítico. Afortunadamente mi hermano supero la operación no sin algunas complicaciones propias de tan delicada cirugía y por supuesto, su estilo de vida estaba destinado a cambiar por completo. Su alimentación, su rutina diaria, su trabajo como arquitecto bajo presión constante y todo a lo que estaba acostumbrado, cambiaria drásticamente. A veces la vida, de un día para otro, nos pone inesperadamente en el carril de baja velocidad, para que podamos restructurar nuestras prioridades.

No sabemos en qué momento nuestra vida cambiara por completo. Mi hermano ahora ve la vida con otros ojos, con otra perspectiva. Se ha vuelto menos aprensivo, más cariñoso, más detallista, más juguetón y por supuesto más divertido. Quiere aprovechar cada momento para abrazar y besar. Dios le dio una segunda oportunidad y la está aprovechando y saboreando la vida con su agridulce sabor.

En lo que escribo esto, varios amigos ya se fueron, otros perdieron familiares, hermanos, hijos, padres y todo lo que nos pasara a todos algún día. Por eso hoy que aún tenemos la suerte de respirar, decidámoslo cada día y vivamos plenamente.

Checa este texto, extraído de ***El monje que vendió su Ferrari*** de R. Sharma:

**Vive hoy, pues ya no habrá otro día igual que este...**
**No pases tanto tiempo persiguiendo los grandes placeres de la vida,**
**Mientras descuidas los pequeños. Afloja el ritmo. Disfruta la Belleza de cuanto te rodea. Te lo debes a ti mismo.**

No cabe duda de que nos debemos la felicidad, nadie vendrá a entregárnosla en las manos. Somos nosotros sus creadores o sus destructores. La vida nos equipó para decidir qué camino tomar para lograr nuestra plenitud humana. El tiempo pasa y el camino se acaba, solo eso es seguro.

Hace unos días recibí la noticia de la muerte de un compañero de universidad con el que tenía una especial amistad en ese entonces, después, por muchos años, nos alejó la vida por caminos diferentes. La tecnología nos acercó de nuevo en años posteriores y mantuvimos una buena comunicación a través de las redes sociales. Supe que era un excelente padre, exitoso profesionista, amante del deporte y con una bella familia integrada. Este querido amigo murió de un infarto por las complicaciones de una neumonía. Al saber la noticia se me vino a la cabeza lo que todos pensamos cuando una persona de nuestra edad muere: "En cualquier momento puedo ser yo".

En cualquier momento nos toca el turno de partir y para nuestro pesar, el mundo seguirá igual sin nosotros. Tenemos un tiempo determinado y luego adiós. ¿Cómo entonces no apresurarnos y hacer el esfuerzo de vivir mejor, de darle valor a nuestra existencia y rodearnos de gente que nos importe, decir lo que pensamos, hacer lo que nos gusta, evitar los excesos de ego, amar intensamente, hacer las locuras que soñamos, disfrutar las pequeñas y las grandes experiencias y en fin vivir, vivir y vivir, antes de morir?

Lee esto y saca tus conclusiones:

## *EL TIEMPO NO SE DETIENE*
### *(Autor anónimo)*

La vida es una tarea que nos trajimos para hacer en casa.

Cuando uno mira…ya son las seis de la tarde;

Cuando uno mira…ya es viernes;

Cuando uno mira… ya se acabó el mes;

Cuando uno mira… ya se acabó el año;

¡Cuando uno mira… ya se pasaron 50 o 60 años!!

Cuando uno mira…ya no sabemos por dónde andan nuestros hijos

Cuando uno mira…perdimos al amor de nuestra vida, y ahora, es tarde para volver atrás.

No dejes de hacer algo por falta de tiempo. No dejes de hacer algo que te gusta por falta de tiempo. No dejes de tener a alguien a tu lado, porque tus hijos pronto no serán tuyos, y tendrás que hacer algo con ese tiempo que resta. Lo único que vamos a extrañar, será el espacio que solo se puede disfrutar con los amigos de siempre. Ese tiempo que, lamentablemente, no vuelve jamás.

Es preciso eliminar el "después" …

Después te llamo; después lo hago; después lo digo; después yo cambio; dejamos todo para después como si "después" fuese lo mejor.

No entendemos que:

Después, el café se enfría.

Después, la prioridad cambia.

Después el encanto se pierde.

Después, temprano se convierte en tarde.

Después, la añoranza pasa

Después, las cosas cambian.

Después, los hijos crecen.

Después, a gente envejece.

Después, el día es noche.

Después, la vida se acaba.

No dejes nada para después, porque en la espera del "después", puedes perder los mejores momentos, las mejores experiencias, los mejores amigos, los mejores amores.

Acuérdate que el "después" puede ser tarde. El día es hoy y ya no estamos en edad de posponer nada.

Hay un magnífico libro de **Jeff Olson**, titulado *La ligera ventaja*, este libro habla de la importancia de todas aquellas pequeñas acciones que hacemos o dejamos de hacer, y que determinan los resultados en nuestra vida. Como esos pequeños hábitos, buenos o malos estructuran nuestro día a día lentamente, hasta que dependemos completamente de ellos.

"La felicidad no es algo que uno busca, –comenta Olson, sino algo que uno hace…En realidad son cosas pequeñas, cosas simples que uno hace todos los días o según sea el caso, que usted no hace todos los días…

La forma de realizar la felicidad, no es ganando la lotería, comprándose una mansión o un Lamborghini, mudándose a la Rivera, haciéndose rico y famosos ni casándose con una estrella de cine. No se logra con gigantescos logros y honores. No se logra con que un hada madrina, el destino o la buena suerte fenomenal resuelva todo perfectamente en la vida. La forma de realizar la felicidad es haciendo unas cosas simples y haciéndolas todos los días".

Pero ¿qué cosas simples pueden sustituir al dinero en abundancia, a la fama enceguecedora, a los viajes espectaculares sin fin, y todas esas cosas con las que normalmente soñamos? En una parte del capítulo menciona solo algunas, basadas en sus importantes investigaciones:

* *hágase más tiempo para sus amigos.*
* *Practique disfrutar el momento*
* *practique tener una perspectiva positiva.*
* *Ponga energía en cultivar sus relaciones.*
* *Practique el perdón.*
* *Dedíquese a actividades significativas.*
* *Practique actos simples de generosidad.*

No podemos descartar el ejercicio, la meditación, el agradecimiento, que también se mencionan; Lo más importante de estos pequeños actos diarios, es el nivel de felicidad que nos aportan.

"Una vez que haga lo necesario para elevar su nivel diario de felicidad –continua, entonces tendrá más éxito, entonces adquirirá mejor estado de salud, entonces encontrara esa persona especial. Cuando más aumente su propio nivel de felicidad, mayores serán las probabilidades de que empiece a concretar esas cosas que desea lograr... Albert Schweitzer lo dijo maravillosamente –"El éxito no es la clave de la felicidad. La felicidad es la clave del éxito-".

Quiero entender con esto que no es que no se pueda tener éxito con el esfuerzo de un trabajo intenso y bien hecho, con un talento extraordinario, con buenas relaciones y excelente preparación académica, no, sino que, si a todo lo anterior le agregas un estado más elevado de felicidad, el éxito está asegurado. Aquí es donde se entiende que..." *La felicidad es la clave de éxito*".

"Uno de los aspectos más radicales y sorprendentes de la investigación sobre la felicidad –afirma Olson, es el descubrimiento de que hacer aquello que nos da felicidad, no solo nos hace más felices, también hace que la vida funcione mejor".

Y que la vida funcione mejor significa que todo lo que hacemos prospera y todo lo que queremos se realiza. Y parafraseando lo anterior, la felicidad no solo nos da felicidad, sino que nos hace mejores seres humanos y más prósperos.

Medita en estas palabras del rey Salomón, considerado uno de los hombres más sabios que ha existido, cuando habla de lo que realmente es importan en esta vida:

*"Vete pues; come tu pan con regocijo, y bebe tu vino con alegre corazón pues hace mucho que Dios se complace en tus obras. Sean tus ropas com-*

*pletamente blancas, y nunca falte el ungüento sobre tu cabello. Goza de la vida con tu mujer, a quien amas, todos los días de tu vida que Dios te ha dado debajo del sol. Todo cuanto hallare que hacer tu mano hazlo con todas tus fuerzas, porque no hay obra, ni empresa, ni ciencia, ni sabiduría en el sepulcro donde vas"* Eclesiastés 9 -7 al 10.

Yo entiendo con esto, salvo lo que tú pienses, que debemos disfrutar todas las cosas: la comida, nuestro cuerpo, nuestra familia y hasta nuestro trabajo. Y que todas esas cosas que hacemos diariamente debemos hacerlas con todas nuestras fuerzas, porque después de morir ya no importaran

> **EN POCAS PALABRAS:**
>
> ¿Qué pasaría si fuéramos inmortales? ¿Acaso piensas que nuestra vida sería más divertida? ¿Qué pasaría con nuestros planes proyectos y metas? Pensar en una vida limitada por la muerte nos da premura por vivir y hacer las cosas importantes más rápido.
>
> No sabemos en qué momento nuestra vida cambiara por completo. Debemos vivir pensando en que en cualquier momento la vida se acaba. Es importante vivir con prioridades. No viviremos para siempre.
>
> Como dice el libro de Jeff Olson, *La ligera ventaja,* la felicidad no la encontraremos sacándonos la lotería, ni siendo famosos, ni con una maravillosa hada madrina ni con logros espectaculares, sino con las pequeñas cosas que hacemos todos los días.

**Pregúntate:**

¿Qué actividades, que rutinas, que cambios estás haciendo diariamente para concentrarte en el hoy y elevar más tu nivel de felicidad?

**Un poco de acción:**

1.- Si necesitas mejorar tu aspecto o algún otro propósito, ¿qué pequeños pasos estas implementando en tu rutina diaria para hacerlo realidad? Si necesitas ahorrar para hacer un viaje o comprar algo importante para ti, ¿Ya abriste una cuenta o estas gastando menos?

2.- La vida es hoy. Si algo debemos cambiar no esperes a mañana. Podemos incrementar nuestro nivel diario de felicidad con acciones sencillas como ampliar tu grupo de amigos, mantente en contacto con la familia, hacer actos de generosidad a nuestro alcance, tener varias actividades significativas como deporte, arte, ciencia y todo lo que nos satisfaga realizar. Ponte en acción, da el primer paso, aunque sea pequeño.

# PREMISA # 9

# VIVIR NO VALE LA PENA, SI NO ERES FELIZ

"La vida es una aventura atrevida o no es nada"

*Helen Keller*


"Estamos aquí para dar un gran mordisco al universo, si no, para que estar aquí "

*Steve Jobs*

La vida tiene que ser divertida si no es una vida inútil. Nuestro objetivo aquí en este mundo, no es tener solo casa, carros, fama o fortuna. Estamos aquí para disfrutar esta tierra maravillosa que es nuestro hogar. Estamos aquí para ser felices y dar felicidad. Hay un dicho que reza: "las cosas son para disfrutarse no para poseerse". Y en realidad la búsqueda de la felicidad a través de las posesiones es lo que nos distrae del verdadero valor de la vida. Es maravilloso dejar el auto y caminar en un parque, en una playa por la arena, en ver un amanecer, en disfrutar de un platillo y degustar un buen vino. La vida no hay que verla a través de la ventana del auto o de la casa, hay que sentirla en cuerpo y alma. El aire en nuestra cara, el frio que eriza mi piel. Estamos aquí para sentir, para acariciar, para amar, para llenar nuestros sentidos del placer de estar vivos.

La cantante y compositora chilena Violeta Parra expresa su agradecimiento a la vida en una hermosa canción que grita lo siguiente: ***¡Gracias a la vida! ... ¡que me ha dado tanto!***, Agradeciendo el amor y las maravillas que tenemos todos los días a nuestro alcance. Te recomiendo escuches completa este poderoso tema de gratitud.


**Shakespeare decía:**
Siempre me siento feliz, ¿sabes por qué?
Porque no espero nada de nadie;
Esperar siempre duele.
Los problemas no son eternos,
Siempre tienen solución

Lo único que no se resuelve es la muerte.<br>
La vida es corta, por eso amala.<br>
Se feliz y siempre sonríe.<br>
Vive intensamente y recuerda:<br>
Antes de hablar…escucha<br>
Antes de escribir…piensa<br>
Antes de criticar… examínate<br>
Antes de herir…siente<br>
Antes de orar… perdona<br>
Antes de odiar…ama<br>
Antes de gastar…gana<br>
Antes de rendirte…intenta<br>
Antes de morir---¡¡vive!!

Nos damos cuenta que pasan los siglos y la forma de abordar los problemas, los retos, la vida, sigue siendo la misma. El odio, la crítica, la felicidad, y todo lo que menciona Shakespeare, son temas actuales y eternos. El ser humano es el mismo con las mismas necesidades, debilidades, propósitos y sueños que antes. No hay nada nuevo bajo el sol, la guerra y la paz, el amor y el odio, el egoísmo y el desprendimiento. Cargamos con el mismo equipaje emocional y social de los tiempos de Jesucristo, de Shakespeare, la madre Teresa o Nelson Mandela. Somos complejos y simples a la vez. Nuestra vida cotidiana transita entre la noche y el día con su costal de problemas y alegrías. Lo que fue ayer, así es hoy, con sus respectivos cambios o actualizaciones, el ser humano, sigue siendo el mismo.

## El día más odiado de la semana

Estoy de acuerdo con eso de que hay dos días de la semana que no existen: el día de mañana y el día de ayer. Pero hay un día, que no se si desde que se inventaron las semanas laborales o sucedía antes de que nuestra vida se estructurara por días, semanas, meses y años, pero la mayoría de nosotros actualmente, no quisiéramos que existiera: El pavoroso lunes.

Todos o la mayoría hemos temblado por ese terrible día que es el lunes. Los estudiantes, los empleados y todo aquel que empiece una semana visualizando una larga jornada de trabajo o responsabilidades. Ese primer día de actividad, es claramente el más indeseado; el que destruye nuestro placido fin de semana. Está lejos, muy lejos el viernes.

Nunca olvidare la perfecta descripción que llego a mi teléfono celular de una semana tradicional:

**Lunes**
**Lunes 2**
**Lunes 3**
**Lunes 4**
**Viernes**
**Sábado**
**Pre-lunes**

Considerando esto, solo dos días de la semana son distintos al terrible lunes. Solo dos días son realmente disfrutables. Pero ¿te has puesto a pensar que en realidad no odiamos el día en sí?, odiamos lo que hacemos a partir de este día. Odiamos nuestro trabajo, nuestra profesión, nuestro ambiente laboral, odiamos a nuestros jefes y nos odiamos a nosotros mismos por estar ahí y no poder hacer nada para evitarlo.

Que te parecería contar los días de la semana así:

**Lunes**: Espectacular
**Martes**: Increíble
**Miércoles**: De ensueño
**Jueves:** Emocionante

**Viernes**: Maravilloso
**Sábado**: Encantador
**Domingo**: Delicioso

***¿Tú crees que solo el dinero te daría esta posibilidad?***
Recuerda que hay multimillonarios aburridos y sin motivación a punto del suicidio, que darían cualquier cosa por una semana así de perfecta.

***¿Entonces la fama?***
Hay artistas o deportistas quitándose la vida porque sus días no tienen sentido. Su fama no les satisface.

***¿Quizás el poder?***
Hay reyes o gobernantes que envidian la tranquilidad y la paz que no pueden tener aun con todo el poder que les da su posición social o política.

Desgraciadamente nos han enseñado que estas cosas son indispensables para la felicidad. Repito que no es que este mal tener dinero, fama o poder, si lo que te lleva a obtenerlo es una vida satisfactoria y feliz, llena de actividades placenteras y de servicio a los demás. Si lo que hemos logrado es a base de egoísmo y beneficio propio y sin tomar en cuenta a nadie, en nuestra cima estaremos solos y sin nadie con quien compartir nuestros logros. Si además le agregamos que nuestro esfuerzo nos impide disfrutar el trayecto al éxito, pues nuestros días están llenos de trabajo y actividades laborales y la bella vida solo la vemos pasar pensando que después la disfrutaremos, nuestra cima solo estará coronada de remordimientos.

La biblia es práctica y sencilla al hablar de esto: *"más vale un puño lleno con descanso, que dos con aflicción de espíritu"* (Eclesiastés 4:6). No se trata de ser mediocres ni conformistas. Pero tampoco se trata de hacernos pedazos trabajando y no disfrutar sus frutos. Se trata de ser auténticos, de ser nosotros mismos y vivir de acuerdo a nuestras expectativas y prioridades personales. Tenemos que darle valor a lo que nos pide nuestro ser, nuestro verdadero yo y seguir por el camino que nos dicte nuestro corazón.

También es correcto que debemos que educarnos, aprender para la vida, instruirnos académicamente, pero todo ese crecimiento nos debe acercar a nuestra vocación no alejarnos de ella. Si en ese trayecto, si en esa búsqueda por encontrar nuestro sitio en el mundo nos hacemos ricos, ¡qué bien! ¡Esplendido! buscándonos a nosotros mismos encontramos la riqueza, no es buscando la riqueza como nos encontraremos a nosotros mismos.

Creo que, en la universidad de la vida, el principal logro, el mayor título, el grado más importante que debemos alcanzar, es el de graduarnos como **seres humanos felices** y poder ser un ejemplo a las nuevas generaciones. El legado más importante es una vida satisfactoria y bien vivida. El mejor ejemplo que puede ver un joven es a un adulto feliz. Se dice que lo que el mundo necesita más que gente preparada, es más gente feliz.

Que te parecería y sé que es utópico, si cursáramos en la universidad estas asignaturas:

### *LA UNIVERSIDAD DE LA VIDA TE OFRECE:*

*10 carreras a elegir*
*1.- Viajero del mundo*
*2.- Administrador de amores*
*3.- Auxiliar del tiempo libre*
*4.- Diseñador de ilusiones*
*5.- Reportero del buen vivir*
*6.- Contador de aventuras*
*7.-Asesor en diversión*
*8.- Arquitecto de pasiones*
*9.- Ingeniero de sueños*
*10.- Abogado del bienestar y la felicidad*

¿Parece una locura no? Pero con el tiempo, las nuevas carreras tendrán nombres tan extraños como estos. La educación cambiara y las necesidades también. La revolución industrial dejo una huella tan profunda, que aun en nuestros días afecta severamente nuestro sistema educativo. Llegará el momento en que ya no te educaras para buscar un empleo, sino para trascender con tus talentos y capacidades.

El terapeuta y escritor **Jorge Bucay** en sus **"Cuentos para pensar"** nos narra una historia que nos hace reflexionar en lo más importante de la vida: la felicidad.

*"Un hombre llega a un pueblo en donde encuentra un hermoso paraje que le llama la atención. Al entrar, se impresiona de la belleza del imponente lugar y bajo la sombra de los enormes arboles distingue una multitud de piedras blancas distribuidas al azar. Su curiosidad lo hizo acercarse y darse cuenta que cada una tenía una inscripción. Curioso, leyó la primera que encontró: "Abedul Tare, vivió 8 años, 6 meses, 2 semanas y 3 días"; paso a otra y leyó "Kalib, vivió 5 años, 8 meses y 3 semanas" y así otra más y otra, hasta darse cuenta que eran muchísimas lapidas y que el lugar era un cementerio donde el que más tiempo había vivido apenas sobrepasaba los 11 años. Sobrecogido se puso a llorar al ver lo que había encontrado.*

*El cuidador al ver que lloraba le pregunto que, si había perdido algún familiar, a lo que el visitante le contesto: no, ningún familiar, pero, ¿qué cosa terrible ha sucedido en este pueblo, para que haya muerto tanto niño?*

*No se angustie, le dijo el cuidador, es una vieja costumbre en este pueblo, que, al cumplir los 15 años, los padres del joven le regalan una libreta como esta que traigo yo, en la que cada vez que disfrutamos algo intensamente, al lado izquierdo escribimos que fue y al derecho cuanto duro. Pudo ser la emoción de un beso. El nacimiento de un hijo, una deliciosa comida o cualquier cosa que nos haya hecho muy feliz y registramos el tiempo que lo disfrutamos. Al morir, se suma el tiempo de lo disfrutado y se pone en su lapida porque para nosotros es el verdadero tiempo vivido".*

Que importantes las últimas palabras del cuidador del panteón en esta historia: *"La felicidad es para nosotros el verdadero tiempo vivido"*. Entonces, ¿Cuánto tiempo hemos vivido realmente si hiciéramos lo mismo que los pobladores de ese lugar? ¿Cuánta felicidad hemos acumulado con las experiencias de nuestra vida diaria? Sí, es verdad, estamos muriendo, ese es nuestro destino, pero si nos hubieran enseñado desde pequeños a tomar muy en cuenta nuestros momentos felices y acumular vivencias positivas, a coleccionar felicidad y buenos ratos como parte esencial de nuestras actividades diarias, seriamos seres humanos más plenos y satisfechos. Sé que solo es un sueño, pero se vale soñar.

## Somos seres humanos imperfectos

Una mañana llevaba a mi esposa Janet en mi auto porque el suyo estaba averiado, a un parque cerca de casa donde le gustaba caminar, pero donde el tráfico precisamente a esa hora era terrible. Discutía un poco de lo tardado que era dejarla en esa zona, cuando mi intención era llegar a mi trabajo temprano y eso me retrasaría. El trayecto se hizo tenso e incómodo por el malestar que en esos momentos me ofuscaba.

Ahora, viendo las cosas en perspectiva, me doy cuenta que muchas cosas nos provocan molestia diariamente y nos roban la tranquilidad. Cuantas discusiones de pareja, cuantas diferencias de opinión, cuanta lucha de poder y querer tener la razón, no solo en casa, sino también en el trabajo y la vida entera. En un minuto de silencio me puse a pensar en que nuestra estabilidad emocional no es una línea recta perfecta y continua, porque en el día podemos pasar por momentos molestos y otros divertidos, así como momentos de reflexión y otros de concentración total en nuestra ocupación y por lo tanto nuestro día transcurre más como un electrocardiograma donde hay líneas y picos y líneas rectas y nuevamente picos quizás más altos y luego pequeños y yo le agregaría otros momentos incluso que proveen a nuestra línea de vida de picos invertidos o líneas hacia abajo que muestran un grave problema o un gran disgusto. En todo esto pensaba porque me sentía mal al estar molesto con mi esposa, con el tráfico y con pensar que llegaría tarde, y yo escribiendo un libro acerca de la felicidad.

Me sentí incongruente al permitir que un malestar que, aunque sabía que era pasajero, me robara la paz. Me di cuenta que es inevitable que durante el día pasemos por todo tipo de momentos que nos producen diferentes emociones. Entonces pensé que lógica y definitivamente tampoco tenemos días de perfecta felicidad. La vida nos sorprende y nos pone a prueba a cada momento. Tarde o temprano las cosas cambiaran en un parpadeo y debemos aprender detectar cuando se avecina una tempestad, para poder preparar nuestros escudos. Entonces, cuando las cosas sucedan… ¿cómo sobrellevar esos cambios inevitables?

Acababa de pasar por esta experiencia cuando apareció en mi camino un excelente libro escrito por **Nicole Fuentes**, reconocida catedrática mexicana y estudiosa de Psicología positiva y la ciencia de la felicidad, titulado *Felicidad en el trayecto, 8 Rutas,* que confirmó lo que pensaba de la irregularidad de la felicidad.

Nicole habla de 8 Rutas que conducen a la felicidad como la gratitud, la generosidad, los lazos sociales entre otras, siendo la séptima ruta la que habla de las emociones básicas, como la alegría, furia, miedo, desprecio y la repulsión:

"Todas cumplen una función y tienen un propósito", —nos dice, "sin embargo, en algún momento decidimos no aceptarlas como parte de nuestras vidas y empezamos a perseguir la idea de la felicidad perfecta y permanente" asegura. "Tal Ben Shahar", —continua, "líder académico de la Psicología positiva, habla de un concepto que me encanta: **Permiso para ser humano**. Esta idea sugiere aceptar que las personas venimos cableadas de fábrica con la capacidad de experimentar una gran cantidad de emociones, y es natural sentirlas, incluso cuando pudieran ser contradictorias. Por ejemplo, podemos estar totalmente enamorados de nuestro bebe en un momento, pensar que no hay cosa más linda del mundo y en dos horas sentirnos desesperados con esa criatura de otro planeta que no para de llorar y no tiene para cuando dormirse"

"Darnos permiso de ser humanos supone aceptar que las emociones difíciles son parte de nuestra naturaleza y que una vida plena y feliz incluye problemas...hacerles frente, tener curiosidad sobre lo que tratan de decirnos, y tomar decisiones en consecuencia, es mucho mejor para nuestra salud y bienestar, que negarlas, ignorarlas o ahogarnos en ellas".

"Aspirar a ser perfectamente felices lo único que garantiza es un encontronazo con la frustración, el resentimiento, o la decisión de dejar de tratar, y estacionarnos en nuestra zona de confort", –afirma Nicole.

Entonces respiré profundo y comprendí que no debo sentirme un fraude por estar molesto, irritado, preocupado o enojarme algunas veces con mi esposa, hija, padre o algún amigo. No debemos temer a ser humanos. No soy un fraude, soy un ser humano. Tenemos una gran variedad de emociones que a veces nos complican la vida pero que es parte de nuestra esencia y naturaleza. Debemos aprender a ser felices aceptando y conociendo como reaccionamos a tantos estímulos positivos y negativos que nuestro entorno ofrece. No vivimos aislados, ni en una capsula perfecta, el mundo nos depara condiciones que cambian a cada instante y por lo tanto estamos expuestos a lo bueno y lo malo de la vida en este maravilloso mundo. Debemos aprender que la felicidad está hecha de momentos agradables que vamos acumulando y que debemos tener la sabiduría para detectarlos y saborearlos y que, entre uno y otro de esos momentos, habrá también sinsabores y problemas que nos apartaran de la dicha, pero que tal vez están ahí para reconocer la diferencia entre uno y otro. Y como también dice Nicole Fuentes *"Lo importante no es ser perfectamente felices, sino ser cada vez más felices"*

## Ser feliz es importante

Dicen que lo mejor que podemos aportar a nuestro mundo es nuestra propia felicidad. Un hombre feliz puede ser más valioso que un hombre culto y muy preparado académicamente. No todo en la vida se trata de tener un título universitario, una maestría, un doctorado, que si es lo que deseas lograr es perfecto, pero el corazón se llena con otro tipo de satisfacciones más profundas: el servicio, la bondad, la entrega a una causa, la contemplación, la alegría de dar y todo lo que hace al hombre más humano.

Sí, es verdad la vida es difícil, pero la vida es difícil para todos. Existen tanto personas inmensamente felices, como personas inmensamente tristes y desdichadas. Ambos casos son tan reales como la vida y la muerte. Entonces tenemos que escoger nuestro lugar en la vida: del grupo de los felices o el de los infelices. No hay mucho tiempo para pensar. Lo que nos va a ser parte de un equipo o de otro, son todas aquellas decisiones diarias y generalmente pequeñas, pero enormemente poderosas que acumuladas, construirán nuestro monumento a la vida o a la muerte, a la tristeza o a la felicidad, a la grandeza de nuestro ser o a la extinción de nuestro verdadero yo.

¡Aquí estamos para vivir! para disfrutar lo que nos rodea, para ser auténticamente humanos, con esas características que nos hacen únicos y diferentes, desafiando cualquier intento de ser etiquetado o clasificado en la masa mediocre de los iguales. No, no estoy aquí para seguir modelos establecidos en los que intentan meterme desde pequeño. Madurar es ir a la lucha contra todo lo que no soy, contra lo que no me hace feliz y me gusta, contra todo aquello que puede eclipsar una vida fructífera y servicial, porque no podemos dar lo que no somos o solo daremos migajas de lo que pretendemos ser, lejos de nuestra verdadera esencia humana.

Quiero terminar este capítulo con lo que escribió el Doctor **W. Beran Wolfe:**

"Si usted observa a un hombre realmente feliz, lo encontrara construyendo un bote, compartiendo una sinfonía, cultivando dalias en su jardín o buscando huevos de dinosaurio en el desierto de Gobi. No estará buscando la felicidad como si se tratara de un botón que rodó hasta quedar debajo del refrigerador. Tampoco estará luchando por ello como si fuera una meta; ya se habrá dado cuenta que es feliz en el curso de las 24 horas cargadas de felicidad"

**EN POCAS PALABRAS**:

La vida tiene que ser divertida.

Somos seres especiales y complejos que buscamos la felicidad todos los días de mil formas diferentes.

Encontrar lo que nos hace felices es un deber, una obligación.

Nuestro mundo necesita más gente feliz, no menos gente frustrada.

Si los lunes son especialmente pesados para ti, descubre cual es el motivo. Puede ser que nuestro trabajo o actividad productiva sea el equivocado. No es el día lunes lo que nos molesta tanto, es lo que empezamos a hacer o experimentar a partir de ese día de la semana.

Enojarnos o perder el control de nuestras emociones de vez en cuando, no te hace una mala persona. Permítete ser humano con todos sus matices. La vida te sorprenderá tanto con alegrías y tristezas, momentos difíciles y con grandes satisfacciones, pero lo importante es reconocer que somos seres humanos débiles y muy fuertes a la vez.

**Pregúntate:**

A ti ¿qué te hace sentir vivo?

¿Qué te impide ser un ser humano pleno y feliz?, ¿Por qué los lunes son tan devastadores? ¿Acaso no te gusta lo que haces? ¿Por qué tu vida no es divertida?

**Un poco de acción:**

1.- Piensa en esas cosas que hacen diferente tu lunes de tu viernes. Que hace la diferencia entre un día y otro. Si no hay mucha diferencia, cual es el motivo. Tal vez otro trabajo u otra actividad harían de tu semana una mejor versión, aun sin dejar el actual.

2.- Piensa en que actividades podrían mejorar tu semana. Un deporte nuevo, aprender un instrumento musical, incursionar en el arte, tener otro trabajo adicional diferente al que actualmente tienes. Hacer un servicio social.

3.- Te recomiendo leas el libro de Nicol Fuentes, que te da una visión más practica de 8 rutas hacia una mejor vida.

4.- Obsérvate a ti mismo con los ojos cerrados disfrutando de actividades que te agraden. Practica la meditación y deja que afloren tus sueños más profundos, y no dudes en tomarlos en cuenta.

# PREMISA # 10

# SER FELIZ ES TU DECISION

**"Tú tienes el pincel y las pinturas. Pinta el paraíso y entra en el"**

*Nikos Kazantzakis*


**"Solo existe un éxito: vivir como uno cree que debe hacerlo".**

*Cristopher Marley*

A estas alturas ya sabemos que la felicidad no la ofrece ni el dinero, ni la fama, ni la vida de reyes, ni los placeres carnales, ni la abundancia material. Probablemente la tranquilidad, la paz, una vida satisfactoria y con sentido, se acerca más a lo que podría ser la felicidad. Tampoco estoy diciendo que el dinero no ayude, no. Es fantástico tener la seguridad de que podemos pagar nuestras deudas y tener lo necesario para vivir bien. Pero de eso a que sea lo más importante para ser feliz, en lo absoluto. Es como si dijéramos que lo más importante para ser feliz es ser guapo; entonces no habríamos feos felices. Todo es un complemento, todo ayuda. Pero lo que para ti es más importante, tal vez para otro sea insignificante o sin valor real para ser feliz.

En una ocasión leí que le preguntaron al famoso cantante Ricardo Montaner – Ricardo- ¿para ti que es el éxito? – y el respondió- *"Dormir tranquilo, conciliar el sueño rápido. Mirar a la persona que tienes al lado y saber que estás enamorado de ella. Ver a tus hijos y saber que son buenos"*. Ricardo es un cantante que ha recorrido el mundo, la fama lo envuelve, así como el dinero, fruto de su trabajo y su talento que es evidente. Pero su principal felicidad no se lo da su estabilidad económica, o su fama, sino su estabilidad emocional y espiritual que le dan Dios y su familia. Él podría perderlo todo y sentirse rico, pues le quedaría lo mejor: los suyos y el amor de Dios que lo sostiene. Los valores eternos dan seguridad y paz.

Caso contarios es esta anécdota que encontré en el libro titulado ***Por favor sea feliz*** de Andrew Matthews :

*Un hombre que llamo desesperadamente por teléfono al Afamado pastor y Dr Robert Shuller, y su conversación fue así:*

*−Este es el fin −le dijo el hombre. Estoy acabado. Se me termino todo mi
dinero. Lo he perdido todo.*

*−¿Aun puedes ver? − le pregunto el Dr Shuller.*

*−Sí, aun puedo ver− respondió el hombre*

*−¿Aun puedes caminar? − inquirió nuevamente el Dr.*

*−Sí, aun puedo caminar −contesto aquel*

*−Evidentemente aun puedes oír− agrego el Dr Shuller.*

*−Si aún puedo oír.*

*−Es claro que aun conservas todo− dijo el Dr Shuller.*

*¡Lo único que perdiste fue tu dinero!*

Cuando dependemos de algo material para sentirnos felices y
exitosos, estamos a expensas de un hilo muy delgado. El dinero
como la vida se puede perder de mil formas.     Como el caso
anterior, si el dinero es lo único que nos define y nos da valor, su
ausencia provocara un vacío tan grande que nos sentiremos des-
trozados y sin motivación, pues nuestro mundo gira alrededor de
él.  Cuando nuestro valor depende de cosas esenciales y primordiales, puede caerse el mundo a nuestro alrededor y estaremos
firmes y seguros, pues lo importante no se ha perdido, lo básico
nos sostiene.

Durante la época de Hitler, un joven Psiquiatra judío llamado
**Víctor Frankl**, sufrió una de las peores experiencias que un ser
humano puede vivir: las atrocidades de los campos de concentración. Diariamente era sometido a las más crueles torturas y
trabajaba sin descanso en condiciones deplorables de sol a sol, sin
la más mínima misericordia. Como el propósito de los campos
era el exterminio total de la raza judía, la compasión no era una
opción.

El joven Víctor fue testigo de cómo sus compañeros caían a su
alrededor, víctimas de desnutrición, enfermedades, heridas, can-
sancio físico o desconsuelo (como en la tragedia de los Andes, era
más atractivo morir que vivir) y se prometió mantener intacto lo

único que le quedaba: su libertad interna, su valor intimo e intocable a cualquier desprecio humano. Su cuerpo podía ser lastimado inmisericordemente, pero su ser interior lo mantendría vivo.

Durante varios años que duro el cautiverio ayudo a sobrevivir a muchos de sus compañeros alentándolos a no perder las esperanzas y a encontrarle sentido al sufrimiento. Afortunadamente fue rescatado por el ejército ruso y pudo escribir

sus experiencias y aprendizaje en un libro titulado *"El hombre en busca de sentido "*y desarrollo un tipo de Psicología existencial que hoy conocemos como *Logoterapia.*

Son muchos los casos de hombres eligen capitalizar positivamente sus malas experiencias. Víctor Frankl vivió momentos que nosotros ni siquiera podemos imaginar, porque tenemos la suerte de haber nacido en una época de paz, que no necesariamente será para siempre, por eso debemos ser agradecidos y enseñar a las nuevas generaciones que la vida no siempre será una burbuja de salud, de amor, de respeto, comprensión y tolerancia, no, siempre habrá un resquicio de maldad en el ser humano que ponga en jaque a las sociedades más estables y felices, pero que la decisión más importante es mantener nuestra  libertad interior.

Somos seres imperfectos por lo tanto siempre habrá quien escoja el mal por el bien, lo curvo por lo recto, lo fácil por el esfuerzo, somos solo seres humanos en constante perfeccionamiento.

### La magia del agradecimiento

Tal vez pienses que no tienes mucho que agradecer al despertar, pues te espera un día complicado, lleno de cuentas por pagar, de órdenes que ejecutar, de caras largas que aguantar, de problemas que enfrentar y no amaneces con ganas de agradecer nada. Tal vez quisieras dormir más, tal vez para siempre. Añoras un escape, un gran descanso.

Es verdad, la vida es dura para la mayoría de nosotros. Estamos llenos de responsabilidades y asuntos pendientes. Son pocos los que viven con la tranquilidad y la seguridad de una vida resuelta y aun así, muchos de ellos están aburridos y deprimidos, su estabilidad económica no los hace felices del todo, porque como ya lo sabemos, las cosas materiales no llenan el corazón ni el alma. Entonces ¿Cómo encontrar un equilibrio de vida que nos permita sentirnos más felices?

Primeramente, prueba con el *agradecimiento.* Agradece para empezar, que miles de personas no tuvieron el privilegio que tenemos tu y yo de despertar hoy. Miles se quedaron dormidos para siempre. Algún día será nuestro turno, pero no fue hoy y eso debemos de apreciarlo mucho y debe ser nuestro primer motivo de agradecimiento del día.

Agradecer, asimismo, todo lo que hemos vivido bueno y malo, nos libera automáticamente del peso de la culpa si hicimos mal o sobrevaluar el pasado si nos fue mejor antes. Ya lo que hicimos no está en control nuestro, tenemos que proponernos no repetir errores o empezar nuevamente con nuestros proyectos caídos si es el caso.

En segundo lugar, debemos *contar nuestras bendiciones* y compararlas con nuestros problemas. ¿Qué lista es mayor, la de las bendiciones o la del problema? Eso nos ubicara más en una posición de agradecimiento. Contar nuestras bendiciones constantemente nos hará más responsables de nuestra felicidad. ¿Cómo ser infelices con tantas maravillas a nuestro alrededor, con salud, con aire para respirar, aunque cada vez esté más contaminado, pero aun respirable, con familia, con amigos, con trabajo y un largo etcétera?

En tercer lugar, debemos *comparar* nuestra situación actual, con la situación de otras personas que la están pasando mal. Y la realidad, es que siempre habrá personas que la esté pasando peor que nosotros. Siempre estamos conociendo casos de enfermos desahuciados, gente que pierde un familiar, personas que pierden su casa o su patrimonio completo y suicidios inexplicables.

Todo ese dolor que gira a nuestro alrededor debe ser un verdadero motivo para dar gracias. Sabemos que no estamos exentos de las tragedias, pero ninguna nos hará pedazos si la comparamos con otro dolor ajeno.

Recuerdo de una historia que palabras más palabras menos, decía que una persona que viajaba en un auto modesto vio llegar a otra en un Lamborghini y dijo cuando yo tenga un carro de esos seré feliz; el del auto modesto fue observado por alguien que pasaba en moto y dijo: cuando tenga un carro como ese seré feliz; el de la moto fue observado por uno más que circulaba en bicicleta y comento: cuando yo tenga una moto cambiara mi suerte; el de la bicicleta fue observado por uno que andaba a pie y dijo a la vez: que bien me caería una bicicleta en estos momentos; a este caminante lo vio pasar una persona que no tenía piernas y dijo: que daría yo por poder caminar; en ese momento paso una carroza fúnebre llevando un cuerpo, y exclamo este último: ¡Gracias a Dios estoy vivo! .

Siempre habrá gente e que tendrá más o menos que nosotros y que aun en las peores circunstancias siempre habrá bendiciones que podamos agradecer, así como en los mejores momentos, nuestra vida no será perfecta. Dicen por ahí que el verdadero infierno es tenerlo todo y sentir que nos falta algo.

Thomas Jefferson lo dijo así:
*"No es la riqueza ni es esplendor, sino la tranquilidad y la buena ocupación lo que da la felicidad"*

**Un hombre viejo escribió esto:**
*Si pudiera vivir nuevamente mi vida,*
*En la próxima trataría de cometer más errores.*
*No intentaría ser tan perfecto, me relajaría más.*
*Sería más tonto de lo que he sido,*
*De hecho, tomaría muy pocas cosas con seriedad.*

*Sera menos higiénico, correría más riesgos, haría más viajes,*
*Contemplaría más atardeceres, subiría más montañas, nadaría más ríos.*
*Iría a más lugares a donde nunca he ido, comería más helado*
*Y menos habas, tendría más problemas reales y menos imaginarios.*

*Yo fui una de esas personas que vicio sensata*
*Y prolijamente cada minuto de su vida;*
*Claro que tuve momentos de alegría.*
*Pero si pudiera volver atrás trataría*
*De tener solamente buenos momentos.*

*Por si no lo saben, de eso está hecha la vida,*
*solo de momentos; no te pierdas el de ahora.*

*Yo era uno de esos que nunca iban a ninguna parte*
*Sin termómetro, una bolsa de agua caliente,*
*Un paraguas y un paracaídas;*
*si pudiera volver a vivir viviría más liviano.*

*Si pudiera volver a vivir*
*Comenzaría a andar descalzo a principios de la primavera,*
*Y seguiría descalzo hasta concluir el otoño.*
*Daria más vueltas en calesita,*
*Contemplaría más amaneceres,*
*Y jugaría con más niños,*
*Si tuviera otra vez vida por delante.*

*Pero ya ven, tengo 85 años…*
*Y estoy muriendo.*

En uno de sus libros, Robert Kiyosaky cuenta que al hablar con su "padre rico" acerca de la vida y la muerte, este le aseguro:

*"Cuando mi vida termine, sé que los altibajos se convertirán en recuerdos de una gran aventura, de tratos ganados y tratos perdidos, de amistades consolidadas y amistades perdidas, de dinero ganado y dinero perdido. Serán recuerdos de perfectos extraños que cruzan tu puerta, solo para unirse a tu siguiente aventura y que salen por ella una vez que la vida ha terminado. Y, en el camino, con suerte, encontraras ese lugar, un lugar con la calidad y la belleza de la vida, que en tu corazón sabias que existía, que en tus sueños sabias que se harían realidad."* Lo repito:

## "un lugar…que en tu corazón sabias que existía"

En el fondo todos sabemos que existe ese lugar maravilloso que solo está destinado para nosotros, pero que muy pocos llegamos a conocer plenamente, y la gran mayoría nunca conoce. Ese lugar en el que somos realmente como peces en el agua y nuestra vida transcurre fácil, ligera y apacible. Si tan solo nos enseñaran a luchar desde pequeños a buscar nuestro lugar verdadero, ese lugar que nos pertenece desde antes de nacer, ese lugar que *"en tu corazón sabias que existía"*

No es fácil hacer un alto en el camino y tomar otra ruta completamente diferente. Vamos cargando en nuestras espaldas con hábitos, creencias y decretos que debemos ir dejando en el camino para caminar ligeros hacia nuestra nueva manera de vivir. Las rutinas, los miedos, las costumbres, las lecciones aprendidas que nos dan seguridad, nuestra educación y todo lo que somos hasta el día de hoy, va a ser cuestionado cuando te des cuenta que es lo que vale realmente para ti y no para los demás.

La sociedad es tan uniforme, tan estándar, que cualquier alma independiente y feliz, que da muestra de libertad de pensamiento y actitud, parece estar más cerca del manicomio que de la cordura. Y la verdad es que si llegamos a ser personas libres y felices nos verán como gente rara. Lo que pasa es que estaremos viviendo la vida con tanta intensidad, que cada segundo será un desperdicio si no le sacamos hasta la última gota de vida, porque estaremos conscientes de que nada nos devolverá el tiempo perdido, nada nos devolverá la existencia en este mundo, después de morir.

## EN POCAS PALABRAS

Sabemos a estas alturas que la felicidad no la da ni las cosas materiales, ni la fama, ni el poder, sino que se acerca más a ella el hecho de tener paz, tranquilidad y una vida con sentido.

El Psiquiatra Víctor Frankl, en la época de Hitler, padeció lo indecible en sus aterradores campos de concentración destinados a exterminar judíos. Fue víctima del más atroz desprecio humano, pero se prometió así mismo, para no perder la esperanza, mantener intacto lo único intocable del ser humano: su libertad interna. Sobrevivió y ayudo a sobrevivir a muchos judíos en las mismas condiciones. Desarrollo lo que hoy conocemos como Logoterapia.

La magia del agradecimiento consiste en contar diariamente nuestras bendiciones, tomando en cuenta todo lo bueno que tenemos y nos rodea. Cuando creas que tu situación es lo peor que pueda pasar, voltea a tu alrededor y te darás cuenta que hay personas que pasan por situaciones peores que la nuestra.

Recuerda lo que dijo Thomas Jefferson:

"No es la riqueza ni es esplendor, sino la tranquilidad y la buena ocupación lo que da la felicidad"

**Pregúntate:**

¿Estoy agradeciendo lo suficiente todo lo bueno que tengo en mi vida? ¿Realmente comprendo que siempre hay gente con peores problemas que los míos

**Un poco de acción:**
Te dejo tres preguntas que debes responder antes de que todo acabe:

Y a ti… ¿qué te hace feliz?
Escribe al menos 5 cosas:

1.- _______________________________________

2.- _______________________________________

3.- _______________________________________

4.- _______________________________________

5.- _______________________________________

Y… ¿qué te impide hacerlo?
Pon las excusas que quieras:

1.- _______________________________________

2.- _______________________________________

3.- _______________________________________

4.- _______________________________________

5.- _______________________________________

¿Recuerdas la película de Brad Pitt en la premisa tres?

Si te pusieran una pistola en la cabeza y te dijeran:
*"Tienes dos opciones: morir en este preciso momento o intentar realizar tu sueño de............................ ¿Qué eliges? Sé dónde encontrarte y si no lo haces te buscare y te matare"*.

Cierro este capítulo con este mensaje para que lo grabes en tu corazón por siempre:

*Puedes fijarte un elevado ideal,*
*Tan alto como el Everest,*
*Y lanzarte a escalar la cumbre de tu propia existencia.*
*Solo tú puedes poner límites a tu ideal;*
*Solo tú puedes convertir tu vida en una hermosa*
*Y gran realización.*

*Feliz Cortes (Un sitio en la cumbre)*

Te dejo una premisa extra…

# PREMISA EXTRA

# NO MORIREMOS PARA SIEMPRE

"Nuestra vida en el cuerpo terrenal solo representa una parte muy pequeña de nuestra existencia la muerte no es el fin sino más bien un radiante comienzo".

*La muerte: Un amanecer. Elisabeth kubler*


"De tal manera amo Dios el mundo, que ha dado a su hijo unigénito para que todo aquel que en El crea no se pierda, más tenga vida eterna".

*Juan 3:16*

Querido lector(a), morir es inevitable y tarde o temprano vamos a pasar por ese trance absolutamente todos. Para tratar el tema de la vida después de la muerte, no quiero que pienses que quiero modificar tu percepción actual, no, solo quiero aportar un poco de la esperanza que da el saber que "al parecer" existe una continuación de nuestra vida que trasciende los límites de la propia muerte. Existe una versión religiosa, que la mayoría hemos escuchado desde pequeños y otra un poco más científica, y digo "un poco" porque tampoco es comprobable como tal, pero que son miles de testimonios recopilados de gente que experimento la muerte clínica y ha regresado a la vida. Todo puede ser verdad o mentira, pero algún día a todos nos tocara verificarlo personalmente.

En realidad, mi libro termina en el capítulo 10, pero este es una premisa extra que sentí en mi corazón compartir. Soy creyente. Creo en Dios y en Jesucristo su hijo, pero tratare de no expresar demasiado mis preferencias religiosas y solo darte datos que te inspiren, como a mí, a vivir una vida plena con el valor agregado de esperar un renacer, posterior a nuestra muerte física.

En las premisas anteriores nos enfrentamos al tema de la mortalidad como una forma de aprovechar lo poco o mucho que nos quede de vida y disfrutar cada momento lo mejor posible. En este capítulo hablare de dos formas de esperar algo más que eso: un fin que se convierte en comienzo, una muerte que se transforma en vida.

Si llevar una vida plena antes de morir, nos daría una gran satisfacción y menos remordimientos, tener la certeza de que la vida no se acaba con la muerte, es verdaderamente una revolución mental.

Todos sabemos que vamos a morir algún día, y que nuestros cuerpos se desintegraran, por eso no todos creemos en la inmortalidad espiritual, porque lo único evidente es que el cuerpo humano se descompone por su natural corruptibilidad. Estamos tan acostumbrados a lo material, a lo físico, a lo que vemos, que nos cuesta mucho trabajo pensar en una vida distinta a esta. Y la verdad es que es natural pensar así. No tenemos evidencia alguna de lo que sucede después de la muerte y al parecer solo las tendremos cuando muramos.

Durante lo largo de nuestra vida hemos escuchado sermones y misas llenos de promesas y descripciones de cómo será nuestra vida después de la muerte. Nos han hablado de un paraíso y un infierno, de la vida eterna, del espíritu que contiene nuestro cuerpo físico, de los mandamientos que tenemos que seguir para lograr trascender y llegar a Dios, del libro de la vida, del gran juicio final, de la piedad, de la fe, del amor al prójimo etc. El hecho es que no es un tema ajeno a nuestra vida lo concerniente al más allá y lo cierto es que creamos poco en ello o simplemente no nos importe, deseamos en el fondo que todo esto sea verdad, sobre todo cuando un ser amado o nosotros mismos, estemos pasando por ese trance tan complicado para cualquier ser humano como lo es la muerte. Nadie quiere viajar hacia lo desconocido y todos queremos ver a nuestro ser querido nuevamente. Es ahí, en esos momentos, cuando nos preguntamos si todo lo que hemos escuchado y aprendido es verdad. ¿Habrá algo hermoso que nos espera después de cerrar nuestros ojos para siempre? o ¿Acaso ahí acaba todo y la eternidad silenciosa nos espera?

Como creyente pienso que Jesucristo nos habló claramente del tema, pero para esto tienes que leer acerca de sus promesas y profundizar en los evangelios. Realmente creo que existe una vida eterna junto a Él en el más allá, pero esto es muy íntimo y tienes que experimentarlo personalmente. Jesús enseña que no te llevara a ese lugar ni Iglesia, ni tus buenas obras, ni tus prácticas religiosas, no, Jesús quiere que tu corazón crea en El, cuándo dice:

***"Yo soy la resurrección y la vida, el que cree en mí, aunque este muerto, vivirá. Y todo aquel que vive y cree en mí no morirá eternamente"*** **Juan 11:25-26**

Mis convicciones religiosas o espirituales, como le quieras llamar se fortalecen, cuando me entero de historias y vidas impactadas por el amor de Dios o sus experiencias increíbles. Pero cuando te topas con alguien que ha escuchado y registrado testimonios reales de personas que han regresado de una muerte clínica, esto es de locura.

### La ciencia no acepta lo inexplicable

Puesto que en el área científica pensar en un tipo de vida después de la muerte es un tema poco serio, la doctora **Elisabeth Kubler-Ross** originaria de Suiza, sufrió lo indecible para adquirir una reputación internacional en el área de la tanatología, al grado de declarar sus detractores, que estaba trastornada. Así como en su momento se le declaro a Cristo un blasfemo por decir que era Dios y hablar de una vida abundante más allá de la muerte, también a la Dra Kubler se le tacho de loca por asegurar que la muerte no existía y que solo era una transformación.

Tal vez no estuviera escribiendo acerca de esto si no cae a mis manos un documento de un poco más de 60 páginas titulado ***"La muerte: un nuevo amanecer"*** precisamente de la doctora Kubler. En esos días escribía acerca de las 10 premisas previas a este último capítulo, pero me robo toda la atención el nuevo contenido. Aunque he leído varios artículos y libros de personas que relatan sus experiencias después de una muerte clínica, este en especial me conmovió por la impactante del estudio, basado en tres conferencias impartidas por la autora con el tema general de "La vida después de la muerte".

"Hemos estudiado veinte mil casos a través del mundo entero, -asegura Kubler- de personas que habían sido declaradas clínicamente muertas y que fueron llamadas de nuevo a la vida. Algunas despertaron naturalmente y otras solo después de una reanimación". Así comienza la primera de estas tres conferencias que contiene este escrito, la que tratare de resumir lo más posible, porque es aquí donde se indican las etapas de la muerte.

"Quisiera explicaros muy someramente –continua Kubler, lo que cada ser humano va a vivir en el momento de su muerte. Esta experiencia es general, independiente del hecho de que se sea aborigen de Australia, hindú, musulmán, creyente o ateo. Es independiente también de la edad o del nivel socioeconómico, puesto que se trata de un acontecimiento puramente humano, de la misma manera que lo es el proceso natural de un nacimiento"

Para kubler el cuerpo humano es como el capullo que contiene la larva y compara la muerte física del hombre con el abandono del capullo de seda por la mariposa:

"desde el momento en que el capullo de seda se deteriora irreversiblemente, ya sea como consecuencia de un suicidio, infarto o enfermedad crónica (no importa la forma), va a liberar a la mariposa, es decir, a vuestra alma". Esta sería la **primera etapa.**

"Al liberarse (la mariposa o sea el alma) de ese capullo de seda, se llega a la **segunda etapa**" –afirma kubler. –"Desde el momento en que sois una mariposa liberada, es decir, desde que el alma abandona el cuerpo, advertiréis enseguida que estáis dotados de capacidad para ver todo lo que ocurre después de la muerte, en la habitación del enfermo, en el lugar del accidentado allí donde habréis dejado vuestro cuerpo…entonces sabréis exactamente lo que cada uno diga y piense y la forma en que se comporte…mucha gente abandona su cuerpo en el transcurso de una intervención quirúrgica y observa efectivamente dicha intervención…se dará cuenta de que se encuentra intacto nuevamente. Los ciegos pueden ver, los sordos o los mudos oyen y hablan otra vez…todos están intactos de nuevo, son perfectos".

Kubler explica también que en esta segunda etapa deja de existir la distancia y el tiempo y que la gente que ha muerto antes que nosotros y amamos, nos espera siempre y que cada hombre tiene sus guías espirituales. En realidad, no quiero meterme mucho en este tema, pero es necesario mencionarlo porque es parte de las conclusiones a las que ella llego al atender veinte mil casos entre moribundos y muertes clínicas comprobadas. Lo importante para nosotros los que aun vivimos, es que ese vacío eterno que tememos después de morir, parece que es todo lo contrario: una maravillosa experiencia que nos espera al cerrar nuestros ojos físicos para siempre.

Posteriormente, la doctora Kubler habla de una etapa transitoria marcada por factores culturales terrestres. "Puede tratarse de un túnel o de un pórtico o de un puente…cada uno tiene el espacio celestial que se imagina… después de realizar este pasaje, una luz brilla al final y a medida que os aproximáis a esa luz, os sentís llenos del amor más grande…cuando se ha visto la luz, ya no se quiere volver…en esta luz y en presencia de Dios, podéis mirar toda vuestra vida terrestre…aquí ya estáis en la **tercera etapa**"

Estimado lector, no quiero ni puedo profundizar en el tema de la vida después de la muerte. La verdad es que únicamente quería de compartirte lo que leí de esta extraordinaria mujer que ha dado las bases para la tanatología moderna, usadas por miles de doctores y enfermeras que atienden a pacientes moribundos con amor y respeto y aún más, los preparan para un bien morir. Como esa gran mujer, considerada loca por muchos, no hay en el mundo una personalidad científica a quien se le hayan otorgado tantos títulos de doctor HONRIS causa por sus aportaciones y experiencias que han revolucionado la medicina y la ciencia, al dar a conocer tantos y tantos testimonios que lo único que revelan es que la muerte es solo un puente a otra forma de vida, inconcebible para nosotros los que aún estamos de este otro lado. Solo leer sus comentarios nos retan a valorar nuestra vida antes de morir, a ser mejores seres humanos, a dejar una huella en una sociedad aturdida por el mal y la indiferencia, por el miedo al rechazo, por la cobardía no de vivir como soñamos.

"Esta muerte, –asegura Kubler, de la que los científicos quieren convencernos, no existe en realidad. La muerte no es más que el abandono del cuerpo físico, de la misma manera que la mariposa deja su capillo de seda. La muerte es el paso a un nuevo estado de conciencia en el que continúa experimentando, viendo, oyendo, comprendiendo, riendo, y en el que se tiene la posibilidad de seguir creciendo. La única cosa que perdemos en esta transformación es nuestro cuerpo físico, pues ya no lo necesitamos".

Y es aquí donde converge la biblia con los testimonios de La doctora kubler cuando Pablo, en I corintios 15: 51-54 del nuevo testamento, asegura esto:

"He aquí os digo un misterio: No todos dormiremos; Pero todos seremos transformados, en un momento, en un abrir y cerrar de ojos, a la final trompeta; porque se tocará la trompeta y los muertos serán resucitados incorruptibles, y nosotros seremos transformados. Porque es necesario que esto corruptible se vista de incorrupción, y esto mortal se vista de inmortalidad…entonces se cumplirá la palabra que está escrita: sorbida es la muerte en victoria."

Al parecer llegara el momento en que nuestro cuerpo se quede ahí donde muramos, en cualquier lugar de este mundo, en lo alto o en lo profundo, en el norte o en el sur, pero que habrá una transformación instantánea que nos convertirá en seres nuevos, que iremos a otro lugar, a otro hogar, a otra dimensión, dilo como se te ocurra, sin tiempo ni espacio, pero, como dice Pablo en la biblia, con un cuerpo incorruptible y perfecto, donde los ciegos ven, los sordos oyen, los impedidos caminan y donde estamos completa y eternamente sanos, como también lo describe La doctora Kubler.

Cristo prometió esto:

*"En casa de mi Padre muchas moradas hay; si así no fuera, yo os lo hubiera dicho; voy. Pues, a preparar lugar para vosotros".*
Juan 14:2

Al parecer, repito, querido(a) lector(a), más allá de esta vida hay una bella ciudad esperándonos con muchas moradas. ¿Cómo será? Algún día lo sabremos.

Deseo sinceramente que tengas una vida dichosa y productiva, que tu felicidad trascienda los límites materiales de este mundo y que Dios nuestro señor quede satisfecho al preguntarte: ¿Qué hiciste con la vida que te regale? Y tú respondas: ¡Fui muy feliz!

# Epílogo

El tema de la felicidad requiere de toda nuestra atención. La vida no puede ser solo una existencia absurda y sin sentido. Pero tampoco podemos convertirla en una carrera frenética para buscar la felicidad en todo momento. Me gusta la comparación de la felicidad con el acto de intentar atrapar una mariposa corriendo tras ella con una red. Podemos así pasarnos horas o toda la vida y no poder lograrlo y sin embargo si nos detenemos y nos acercamos lentamente, ella puede incluso posarse sobre nuestro hombro y dejar de huir. Parte del encanto consiste en esperar que lleguen esas experiencias como consecuencia de vivir intensamente, haciendo las cosas correctas, y aceptando tanto los buenos momentos como los malos como parte de un proceso cambiante.

La vida es una rueda de la fortuna donde subes y bajas, ríes y lloras y sigues girando. No podemos estar siempre arriba o siempre abajo. La vida es movimiento y cambio. Tenemos que aceptar que estamos inmersos en un universo impresionante que aún no desciframos ni controlamos, pero, así como es atemorizante es también maravilloso.

Somos parte de una creación espectacular que se nos presenta cada mañana al abrir los ojos. Y no solo eso, somos una creación divina hecha para disfrutar todo lo que nos rodea. Confía, agradece y entrégate a la celebración de la vida a través de tu trabajo, tus amigos, tu familia, tus actividades. Seguramente moriremos, eso no está en duda, pero lo que sí está por verse es lo poco o mucho que disfrutes tus maravillosos días. Podemos hacer de nuestra existencia un camino espectacular o una terrible experiencia. No todo está bajo nuestro control, ya lo sabemos y lo entendemos, la vida es impredecible y somos mortales, pero mucha de nuestra felicidad o infelicidad, la provocamos nosotros mismos.

Pregúntate constantemente si eres feliz, solo para saber cómo estas, como te sientes, no para salir corriendo a buscar la felicidad como tras una mariposa, sino para poder ajustar nuestros controles mentales y estar consciente de que podemos hacer algo al respecto, si nos damos cuenta que nuestra vida no nos está conduciendo a la felicidad que merecemos. No podemos permitir que los problemas nos destruyan. Aun si estamos perfectamente convencidos que nacimos para ser felices, es obvio que seguiremos teniendo tropiezos dolorosos, momentos de insatisfacción, crueles tristezas que nos robaran la paz y la tranquilidad, pero sabemos que "Dios aprieta, pero no ahoga". Simplemente voltea hacia atrás y date cuenta de tantos momentos que sorteaste y de los cuales creías que nunca saldrías. Siempre hay una luz depués del largo túnel. Es más oscura la noche antes de amanecer.

Amigo(a) querido(a), no permitas que tu vida sea un caldo insípido, no mueras triste. Adereza tus días con la sal de la amistad, con la azúcar del amor, échale limón al caldo de tu existencia, que la vida te sepa rica y saborees a cada instante el placer de ser parte de esta humanidad y este universo. Bendigo tu vida y que seas muy feliz.

Antonio Betanzos

# AGRADECIMIENTOS:

- Primeramente, a *Dios* que me permitió experimentar esta gran aventura de vivir.
- *A mis padres* que me cuidaron con tanto amor.
- A mi *gran familia* paterna y materna que nunca se olvidan de mí.
- A *mis hermanos Ezequiel, Lamberto y Elizabeth*, que son los pilares que sostienen mi corazón. Con especial cariño a mi hermano *Diego* que vivió feliz hasta que nos dejó a sus 22 años y con el que compartí muchas aventuras estudiantiles.
- A *Verónica y Sofía* que me dieron el regalo más bello: ser papa.
- A mis dos adoradas hijas *Fabiola Marlene y Cristina Elizabeth* que me convirtieron felizmente en un hombre responsable.
- A mi esposa *Janet*, mi talentosa, incansable y fiel compañera. Y a su hija *Janelly*, quien pareciera un ángel encubierto.
- A todos mis *amigos y amigas,* que son la sal de mi vida.

### Agradezco sinceramente también:

- Al Instituto de Autores dirigido por *Alejandra Veder*, quien me dio la asesoría y las bases para que este libro fuera una realidad. Extiendo mi agradecimiento a *Kevin Berón*, siempre dispuesto a materializar nuestras ideas y diseños con excelencia y buena actitud.

- A *Abigail Villavicencio* por su amistad y excelentes fotografías.
- Por último, agradezco profundamente a *Luisa D. Félix Valdés*, por sus agudos, pero muy útiles comentarios, a *Vasthi Zayas Carrillo*, por sus palabras de motivación, a *Cecilia Rodríguez Arellano*, toda una profesional del tema y *Janice Orozco Encinas*, por sus oportuna y sincera revisión del texto inicial. No puedo dejar de mencionar también a *Ivonne Vigueras* por sus palabras de aliento y estímulo al iniciarme en esta apasionante aventura.

# Bibliografía Consultada


Bach, Richard. *Alas para vivir.* VERGARA

Del Rosal, Víctor. Código de Riqueza. VERGARA

De Reina Casiodoro- De Valera Cipriano. *La Santa Biblia.* 1960.

Epstein, Alan. *Como llenar sus días de amor.* Oceano-Atlantida.

Fuentes K. Nicole. *Felicidad en el trayecto.* URANO.

Gawin, Shakti. *Visualización Creativa.* VR Editoras.

Kiyozaqui, Robert. Padre Rico, Padre Pobre.

Kubler-Ross. *La muerte: Un amanecer.* Luciérnaga.

Kushner, Harold S. *Cuando nada te basta.* Emece

Matthews, Andrew. *Por favor sea feliz.* Selector.

Olson, Jeff. *La ligera ventaja.* SUCCESS.

Read Piers Paul. *¡Viven! El triunfo del espíritu humano.* Barreiro.

Robinson, Ken. *El Elemento.* Grijalbo.

Razo, Juan Antonio. *Una Historia puede cambiar tu vida.* HI-PERLIBRO.

Sacks, Oliver. *Gratitud.* ANAGRAMA.

Scovel S. Florence. *El juego de la vida y como jugarlo.* Prana.
Spencer, Susan. *Antes de decir adiós.*

Sharma, Robin S. *El monje que vendió su Ferrari.* DBOLSILLO.

Sharma, Robin. *El líder sin cargo.Grijalbo*

Strelecky, John P. *Las cinco grandes metas que guiaran tu vida.* DIANA.

Villarreal Aguilar, Enrique. *El vuelo de la renovación.* Quarzo.

# NOTAS

# NOTAS

# NOTAS